高等院校经济学系列精品规划教材

统计学习题集

Student Workbook for Statistics

徐蔼婷 李金昌 编著

机械工业出版社

China Machine Press

图书在版编目（CIP）数据

统计学习题集/徐蔼婷，李金昌编著 . —北京：机械工业出版社，2016.11（2025.11 重印）
（高等院校经济学系列精品规划教材）

ISBN 978-7-111-55293-2

I. 统… II.① 徐… ② 李… III. 统计学－高等学校－习题集 IV. C8-44

中国版本图书馆 CIP 数据核字（2016）第 254447 号

　　本书是与李金昌、苏为华编著的国家"十二五"规划教材《统计学》相配套的教辅用书。本书严格对照教材体例，在原教材的学习要点、练习与思考的基础上经增加题型与扩充题量而成，并且提供了相应的参考答案。题型包括填空题、判断题、单项选择题、多项选择题、简答题和计算题等，力求既覆盖全面又突出重点。

　　本书适用于高等院校经管类各专业学生。

出版发行：机械工业出版社（北京市西城区百万庄大街 22 号　邮政编码：100037）
责任编辑：冯小妹　　　　　　　　　　　　　责任校对：董纪丽
印　　刷：涿州市般润文化传播有限公司印刷　　版　　次：2025 年 11 月第 1 版第 10 次印刷
开　　本：185mm×260mm　1/16　　　　　　印　　张：9.75
书　　号：ISBN 978-7-111-55293-2　　　　　　定　　价：29.00 元

客服电话：（010）88361066　68326294

前　言

　　本书是与李金昌、苏为华编著的国家"十二五"规划教材《统计学》相配套的教辅用书。《统计学》自 2007 年 2 月出版以来，经过不断修改至今已经第 4 版，目前正在准备第 5 版。《统计学》出版后，广大读者给予了真切关爱与充分肯定，同时也提出了很多宝贵的意见与建议，其中就包括希望我们能够编写一本配套的习题集，以便更好地满足师生的教学需要。经过一段时间的准备，本书终于与大家见面了。

　　本书由徐蔼婷、李金昌编著，刘波、李佩瑾、祝瑜晗、石薇等参与了相关的辅助性工作。本书严格对照教材体例，在原教材的学习要点、练习与思考的基础上经增加题型与扩充题量而成，并且提供了相应的参考答案。题型包括填空题、判断题、单项选择题、多项选择题、简答题和计算题等，力求既覆盖全面又突出重点。本书由李金昌教授最终修改审定。今后再版时还将做进一步的增加与扩充。由于时间所限，错误恐怕难免，望读者及时批评指正。

CONTENTS

目 录

前 言

第一部分 学习要点与习题

第一章 总论 2

本章要点 2

一、填空题 4

二、判断题 6

三、单项选择题 7

四、多项选择题 8

五、简答题 9

六、计算题 10

第二章 统计数据的收集、整理与显示 11

本章要点 11

一、填空题 14

二、判断题 16

三、单项选择题 16

四、多项选择题 18

五、简答题 19

六、计算题 20

七、实践题 20

第三章 变量分布特征的描述 ················· 21

本章要点 ································· 21

一、填空题 ······························ 23

二、判断题 ······························ 23

三、单项选择题 ························· 24

四、多项选择题 ························· 26

五、简答题 ······························ 28

六、计算题 ······························ 28

第四章 抽样估计 ···························· 32

本章要点 ································· 32

一、填空题 ······························ 34

二、判断题 ······························ 34

三、单项选择题 ························· 35

四、多项选择题 ························· 37

五、简答题 ······························ 37

六、计算题 ······························ 38

第五章 假设检验 ···························· 42

本章要点 ································· 42

一、填空题 ······························ 44

二、判断题 ······························ 44

三、单项选择题 ························· 45

四、多项选择题 ························· 46

五、简答题 ······························ 47

六、计算题 ······························ 48

七、综合分析题 ························· 49

第六章 方差分析 ···························· 50

本章要点 ································· 50

一、填空题 ······························ 52

二、判断题 ······························ 52

三、单项选择题 ························· 53

四、多项选择题 ⋯⋯⋯⋯⋯⋯⋯⋯⋯⋯⋯⋯⋯⋯⋯⋯⋯⋯⋯⋯⋯⋯⋯⋯⋯⋯⋯ 54

五、简答题 ⋯⋯⋯⋯⋯⋯⋯⋯⋯⋯⋯⋯⋯⋯⋯⋯⋯⋯⋯⋯⋯⋯⋯⋯⋯⋯⋯⋯⋯ 54

六、计算题 ⋯⋯⋯⋯⋯⋯⋯⋯⋯⋯⋯⋯⋯⋯⋯⋯⋯⋯⋯⋯⋯⋯⋯⋯⋯⋯⋯⋯⋯ 54

第七章　相关回归分析 ⋯⋯⋯⋯⋯⋯⋯⋯⋯⋯⋯⋯⋯⋯⋯⋯⋯⋯⋯⋯⋯ **57**

本章要点 ⋯⋯⋯⋯⋯⋯⋯⋯⋯⋯⋯⋯⋯⋯⋯⋯⋯⋯⋯⋯⋯⋯⋯⋯⋯⋯⋯⋯⋯ 57

一、填空题 ⋯⋯⋯⋯⋯⋯⋯⋯⋯⋯⋯⋯⋯⋯⋯⋯⋯⋯⋯⋯⋯⋯⋯⋯⋯⋯⋯⋯⋯ 59

二、判断题 ⋯⋯⋯⋯⋯⋯⋯⋯⋯⋯⋯⋯⋯⋯⋯⋯⋯⋯⋯⋯⋯⋯⋯⋯⋯⋯⋯⋯⋯ 59

三、单项选择题 ⋯⋯⋯⋯⋯⋯⋯⋯⋯⋯⋯⋯⋯⋯⋯⋯⋯⋯⋯⋯⋯⋯⋯⋯⋯⋯ 60

四、多项选择题 ⋯⋯⋯⋯⋯⋯⋯⋯⋯⋯⋯⋯⋯⋯⋯⋯⋯⋯⋯⋯⋯⋯⋯⋯⋯⋯ 61

五、简答题 ⋯⋯⋯⋯⋯⋯⋯⋯⋯⋯⋯⋯⋯⋯⋯⋯⋯⋯⋯⋯⋯⋯⋯⋯⋯⋯⋯⋯⋯ 63

六、计算题 ⋯⋯⋯⋯⋯⋯⋯⋯⋯⋯⋯⋯⋯⋯⋯⋯⋯⋯⋯⋯⋯⋯⋯⋯⋯⋯⋯⋯⋯ 63

第八章　时间数列分析 ⋯⋯⋯⋯⋯⋯⋯⋯⋯⋯⋯⋯⋯⋯⋯⋯⋯⋯⋯⋯⋯ **66**

本章要点 ⋯⋯⋯⋯⋯⋯⋯⋯⋯⋯⋯⋯⋯⋯⋯⋯⋯⋯⋯⋯⋯⋯⋯⋯⋯⋯⋯⋯⋯ 66

一、填空题 ⋯⋯⋯⋯⋯⋯⋯⋯⋯⋯⋯⋯⋯⋯⋯⋯⋯⋯⋯⋯⋯⋯⋯⋯⋯⋯⋯⋯⋯ 68

二、判断题 ⋯⋯⋯⋯⋯⋯⋯⋯⋯⋯⋯⋯⋯⋯⋯⋯⋯⋯⋯⋯⋯⋯⋯⋯⋯⋯⋯⋯⋯ 69

三、单项选择题 ⋯⋯⋯⋯⋯⋯⋯⋯⋯⋯⋯⋯⋯⋯⋯⋯⋯⋯⋯⋯⋯⋯⋯⋯⋯⋯ 69

四、多项选择题 ⋯⋯⋯⋯⋯⋯⋯⋯⋯⋯⋯⋯⋯⋯⋯⋯⋯⋯⋯⋯⋯⋯⋯⋯⋯⋯ 71

五、简答题 ⋯⋯⋯⋯⋯⋯⋯⋯⋯⋯⋯⋯⋯⋯⋯⋯⋯⋯⋯⋯⋯⋯⋯⋯⋯⋯⋯⋯⋯ 73

六、计算题 ⋯⋯⋯⋯⋯⋯⋯⋯⋯⋯⋯⋯⋯⋯⋯⋯⋯⋯⋯⋯⋯⋯⋯⋯⋯⋯⋯⋯⋯ 74

第九章　统计指数分析 ⋯⋯⋯⋯⋯⋯⋯⋯⋯⋯⋯⋯⋯⋯⋯⋯⋯⋯⋯⋯⋯ **77**

本章要点 ⋯⋯⋯⋯⋯⋯⋯⋯⋯⋯⋯⋯⋯⋯⋯⋯⋯⋯⋯⋯⋯⋯⋯⋯⋯⋯⋯⋯⋯ 77

一、填空题 ⋯⋯⋯⋯⋯⋯⋯⋯⋯⋯⋯⋯⋯⋯⋯⋯⋯⋯⋯⋯⋯⋯⋯⋯⋯⋯⋯⋯⋯ 80

二、判断题 ⋯⋯⋯⋯⋯⋯⋯⋯⋯⋯⋯⋯⋯⋯⋯⋯⋯⋯⋯⋯⋯⋯⋯⋯⋯⋯⋯⋯⋯ 80

三、单项选择题 ⋯⋯⋯⋯⋯⋯⋯⋯⋯⋯⋯⋯⋯⋯⋯⋯⋯⋯⋯⋯⋯⋯⋯⋯⋯⋯ 81

四、多项选择题 ⋯⋯⋯⋯⋯⋯⋯⋯⋯⋯⋯⋯⋯⋯⋯⋯⋯⋯⋯⋯⋯⋯⋯⋯⋯⋯ 83

五、简答题 ⋯⋯⋯⋯⋯⋯⋯⋯⋯⋯⋯⋯⋯⋯⋯⋯⋯⋯⋯⋯⋯⋯⋯⋯⋯⋯⋯⋯⋯ 84

六、计算题 ⋯⋯⋯⋯⋯⋯⋯⋯⋯⋯⋯⋯⋯⋯⋯⋯⋯⋯⋯⋯⋯⋯⋯⋯⋯⋯⋯⋯⋯ 85

第十章　统计综合评价 ⋯⋯⋯⋯⋯⋯⋯⋯⋯⋯⋯⋯⋯⋯⋯⋯⋯⋯⋯⋯⋯ **89**

本章要点 ⋯⋯⋯⋯⋯⋯⋯⋯⋯⋯⋯⋯⋯⋯⋯⋯⋯⋯⋯⋯⋯⋯⋯⋯⋯⋯⋯⋯⋯ 89

一、填空题 ·· 91

二、判断题 ·· 91

三、单项选择题 ······································ 92

四、多项选择题 ······································ 92

五、简答题 ·· 93

六、计算题 ·· 94

第十一章　非参数统计方法 ·································· 96

本章要点 ·· 96

一、填空题 ·· 98

二、判断题 ·· 98

三、单项选择题 ······································ 98

四、多项选择题 ······································ 99

五、简答题 ·· 100

六、计算题 ·· 100

第二部分　习题参考答案

第一章　总论 ·· 104

一、填空题 ·· 104

二、判断题 ·· 105

三、单项选择题 ······································ 105

四、多项选择题 ······································ 105

五、简答题 ·· 105

六、计算题 ·· 106

第二章　统计数据的收集、整理与显示 ···················· 107

一、填空题 ·· 107

二、判断题 ·· 108

三、单项选择题 ······································ 108

四、多项选择题 ······································ 108

五、简答题 ·· 108

六、计算题 ·· 109

七、实践题 ··· 111

第三章　变量分布特征的描述 ································· 112

一、填空题 ··· 112

二、判断题 ··· 112

三、单项选择题 ··· 113

四、多项选择题 ··· 113

五、简答题 ··· 113

六、计算题 ··· 113

第四章　抽样估计 ·· 115

一、填空题 ··· 115

二、判断题 ··· 115

三、单项选择题 ··· 116

四、多项选择题 ··· 116

五、简答题 ··· 116

六、计算题 ··· 116

第五章　假设检验 ·· 119

一、填空题 ··· 119

二、判断题 ··· 119

三、单项选择题 ··· 119

四、多项选择题 ··· 120

五、简答题 ··· 120

六、计算题 ··· 120

七、综合分析题 ··· 121

第六章　方差分析 ·· 122

一、填空题 ··· 122

二、判断题 ··· 122

三、单项选择题 ··· 122

四、多项选择题 ··· 122

五、简答题 ··· 123

六、计算题 ·· 123

第七章　相关回归分析 ································ **125**

一、填空题 ·· 125

二、判断题 ·· 125

三、单项选择题 ··· 125

四、多项选择题 ··· 126

五、简答题 ·· 126

六、计算题 ·· 126

第八章　时间数列分析 ································ **129**

一、填空题 ·· 129

二、判断题 ·· 130

三、单项选择题 ··· 130

四、多项选择题 ··· 130

五、简答题 ·· 130

六、计算题 ·· 130

第九章　统计指数分析 ································ **135**

一、填空题 ·· 135

二、判断题 ·· 135

三、单项选择题 ··· 135

四、多项选择题 ··· 136

五、简答题 ·· 136

六、计算题 ·· 136

第十章　统计综合评价 ································ **140**

一、填空题 ·· 140

二、判断题 ·· 140

三、单项选择题 ··· 140

四、多项选择题 ··· 140

五、简答题 ·· 141

六、计算题 ·· 141

第十一章　非参数统计方法 ·· 143

一、填空题 ·· 143
二、判断题 ·· 143
三、单项选择题 ·· 143
四、多项选择题 ·· 143
五、简答题 ·· 144
六、计算题 ·· 144

PART 1

第一部分

学习要点与习题

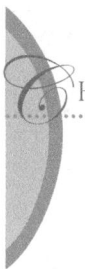

第一章
总论

🌀 本章要点

1. 统计一词包含三个含义：统计数据、统计活动和统计学。统计的本质是关于"为何统计、统计什么和如何统计"的思想，就是围绕研究目的和任务，运用科学的统计方法，去获取真实客观的统计数据，做出必要的统计分析，以了解和认识事物的真相。而统计学则是关于如何搜集、整理和分析统计数据的科学。

2. 统计学的产生与发展大致经历了三个时期：古典统计学时期、近代统计学时期和现代统计学时期。在古典统计学时期有德国的国势学派与英国的政治算术学派之分，在近代统计学时期有德国的社会统计学派与比利时的数理统计学派之争，在现代统计学时期则以推断统计发展为主要特征。

3. 统计学的研究对象是现象的数量方面，即统计数据。统计学的学科性质从研究对象上看具有数量性、总体性和差异性的特点，从学科范畴上看具有方法性、层次性和通用性的特点，从构成内容上看具有描述性和推断性的特点。

4. 统计数据可以从多个不同的角度进行分类。根据计量尺度不同可以分为定性数据与定量数据，根据表现形式不同可以分为绝对数、相对数与平均数，根据来源不同可以分为观测数据与试验数据，根据加工程度不同可以分为原始数据与加工数据，根据时间或空间状态不同可以分为时序数据与截面数据。

5. 统计研究过程即统计数据研究过程，大致包括统计设计、数据搜集、数据整理与分析、数据解释四个环节，研究方法主要有大量观察法、统计分组法、综合指标法、统计推断法和统计模型法。

6. 总体是由客观存在的、所有具有某种共同性质的事物所组成的集合体，具有大量性、同质性和差异性的特征。构成总体的每个个别事物称为个体。总体有有限总体与无限总体、具体总体与抽象总体、可计数总体与不可计数总体、自然总体与人为总体之分。总体与个体的关系不是一成不变的。

7. 样本是由来自于总体的一部分个体所组成的有限小总体。样本中所包含的个体数，称为样本容量。从总体中最多可以获得的容量为 n 的不同样本数，称为样本个数。样本是总体的代表，样本是用来推断总体的，样本与总体的角色是可以改变的。

8. 标志是说明个体特征的名称。标志有品质标志与数量标志、可变标志与不变标志、直接标志与间接标志之分。

9. . 从广义上说，变量就是可变的标志。变量有定性变量与定量变量、确定性变量与随机性变量、离散型变量与连续型变量之分。

10. 统计指标是反映现象总体数量特征的概念及其数值，有指标名称、计算方法、空间限制、时间限制、具体数值和计量单位六个要素。指标与标志既有区别，又有联系。统计指标有总体指标与样本指标、数量指标与质量指标、静态指标与动态指标之分。

11. 统计指标体系是由反映同一总体多个方面数量特征的、一系列相互联系的统计指标所形成的体系。其表现形式有数学等式关系、相互补充关系、相关关系，以及条件、原因、结果关系等。

12. 统计学在认识事物、指导生产、经济管理和科学研究等方面都具有重要的作用。

一、填空题

1. 统计的三个含义分别是_____、_____和_____。

2. 统计的本质是关于_____、_____和_____的思想。

3. 从统计学的发展看，它可以分为三个发展时期：_____、_____和_____。

4. 古典统计学时期（17世纪末至18世纪末）有两大学派，分别是_____和_____。其中，首先提出"统计学"之名的是_____，其认为统计学是关于_____的学问，代表人物是_____和_____。

5. 政治算术学派的代表人物是_____，其代表作之一是_____。另一个代表人物_____是利用大量数据研究社会人口变动规律的创始人，其代表作之一是_____，首次通过大量观察对新生婴儿的性别比例和不同原因死亡人数比例等人口规律进行了推算分析。

6. 近代统计学时期（18世纪末至19世纪末）的一个重大成就是_____和_____被引入到统计学中来，并且也有两大学派，即_____和_____。其中，著有《概率论书简》和《社会物理学》的比利时人_____主张用研究自然科学的方法来研究社会现象，提出了_____和_____。德国的克尼斯认为统计学是一门_____，目的是研究社会现象变动的原因和规律性。德国统计学家恩格尔提出了著名的_____。

7. 现代统计学时期（19世纪末以后）的一个显著特点是_____得到迅速发展，著名统计学家有_____、_____和_____等。

8. 经过300余年的发展，统计学成为一门以_____为研究对象并为这种研究提供方法论的学科。

9. 统计学就其研究对象而言，具有_____、_____和_____的特点；就其学科范畴而言，具有_____、_____和_____的特点；就其研究方式而言，具有_____和_____的特点。

10. 统计数据按照所采用的计量尺度不同，可以分为_____和_____两类，具体则可以分为_____、_____、_____、

_____和_____四种。

11. 统计数据按照表现形式不同，可以分为_____、_____
    和_____；按照来源不同，可以分为_____和
    _____；按照加工程度不同，可以分为_____和_____；
    按照时空状态不同，可以分为_____、_____和
    _____。

12. 在大数据时代，统计数据还可以分为_____和_____。

13. 相对数包括_____和_____两类，具体包括以下六种：
    _____、_____、_____、_____、
    _____和_____。

14. 统计数据研究的基本方法有_____、_____、_____、
    _____和_____。

15. 统计综合指标包括_____、_____和_____
    三类。

16. 总体具有三个特征：_____、_____和_____。

17. 总体按照其存在形态不同可以分为_____和_____；按照
    个体的确定方式不同可以分为_____和_____。

18. 总体中的某个组或类，可以被称为_____或_____。

19. 标志按照其结果的表示方式不同，可以分为_____和_____；
    按照其表现结果是否相同，可以分为_____和_____。

20. 变量按照计量尺度不同，可以分为_____和_____两类，
    具体则可以分为_____、_____、_____和
    _____四种。变量按照所受影响因素不同，可以分为_____
    和_____；按照其取值是否可连续出现，可以分为_____
    和_____。

21. _____是标志的承担者。

22. 统计指标由_____和_____两个部分构成，具体包
    括_____、_____、_____、_____、
    _____和_____六个要素。

23. 统计指标按照其计算范围不同，可以分为_____和_____；
    按照其反映的内容不同，可以分为_____和_____；按照其
    时间状态不同，可以分为_____和_____。

24. 质量指标包括_____和_____。

25. 统计指标体系的表现形式有_____、_____、_____和_____四种。

26. 统计研究的一大任务就是用可知但非唯一的_____去推断唯一但未知的_____。

二、判断题

1. 统计学是一门关于如何搜集、整理和分析统计数据的方法论科学。（　　　）

2. 统计学起源于德国的国势学派。（　　　）

3. 按照现代统计学的定义，国势学派有统计学之名而无统计学之实。（　　　）

4. 统计研究所关注的是个体数量特征而非总体数量特征。（　　　）

5. 由各种偶然因素造成的个体差异，使得统计学研究具有实际意义。（　　　）

6. 统计学的一般理论与方法，在各个领域开展定量研究都具有通用性。（　　　）

7. 描述统计与推断统计的区别在于前者简单，后者复杂。（　　　）

8. 任何统计数据最终都可以归结为绝对数、相对数和平均数中的一种。（　　　）

9. 在信息化时代，任何信息都是数据。（　　　）

10. 大量观察法就是对尽可能多的个体进行观察，越多越好。（　　　）

11. 统计分组法是在整个统计研究过程中都很有用的方法。（　　　）

12. 抽象总体原则上可以被看作为无限总体。（　　　）

13. 样本中所包含的个体数称为样本个数。（　　　）

14. 由样本推断总体，从逻辑上看属于完全的归纳推理。（　　　）

15. 数量指标根据数量标志计算而来，质量指标根据品质标志计算而来。（　　　）

16. 统计学可以被理解为关于样本的科学。（　　　）

17. 一般地，品质标志都是直接标志，而数量标志都是间接标志。（　　　）

18. 某一标志或变量的所有结果的集合也可以称为总体。（　　　）

19. 由个体所组成的总体不可以转换为由标志值（变量值）所组成的总体。（　　　）

20. 从广义上说，可变标志、指标都是变量。（　　　）

21. 无论是数量指标还是质量指标，其数值大小都与总体容量（或样本容量）有关。
（　　　）

22. 任何总体，其所包含的个体必须同时至少具备一个可变标志和一个不变标志。
（　　　）

23. 电话号码是数量标志。（   ）

24. 样本指标是随机变量。（   ）

25. 指标与标志的区分是相对的，是变量的不同称呼而已。（   ）

26. 有名数的相对数一定是强度相对数。（   ）

三、单项选择题

1. 统计学的研究对象是（   ）。

    A. 各种现象的内在规律　　　　　　　　B. 各种现象的数量方面

    C. 统计活动过程　　　　　　　　　　　D. 总体与样本的关系

2. 统计学的首要特点是（   ）。

    A. 总体性　　　　B. 数量性　　　　C. 同质性　　　　D. 差异性

3. 某班 3 名男生的身高分别为 172cm、176 cm 和 178 cm，这 3 个数是（   ）。

    A. 标志　　　　B. 变量　　　　C. 变量值　　　　D. 指标

4. 以一、二、三等来表示产品质量的优劣，那么产品等级是（   ）。

    A. 质量指标　　　B. 品质标志　　　C. 数量标志　　　D. 数量指标

5. 连续不断投掷硬币的结果所组成的总体属于（   ）。

    A. 有限总体　　　B. 具体总体　　　C. 抽象总体　　　D. 自然总体

6. 下列哪个变量不能采用定比尺度计量？（   ）

    A. 企业职工人数　　B. 企业产品产量　　C. 企业销售额　　D. 企业利润额

7. 下列哪个指标不属于质量指标？（   ）

    A. 企业职工平均工资　　　　　　　　　B. 企业利润率

    C. 企业产品合格率　　　　　　　　　　D. 企业增加值

8. 要了解某市 30 所中学的学生眼睛视力状况，则个体是（   ）。

    A. 每所中学　　　　　　　　　　　　　B. 全部中学

    C. 每名学生　　　　　　　　　　　　　D. 每名学生的眼睛视力

9. t 分布理论是由（   ）提出的。

    A. 高斯　　　　　　　　　　　　　　　B. 费希尔

    C. 戈赛特　　　　　　　　　　　　　　D. 卡尔·皮尔逊

10. 人口死亡率、资金利润率等指标属于（   ）。

    A. 结构相对数　　B. 比例相对数　　C. 强度相对数　　D. 比较相对数

11. 反映性别、职业等个人特征的数据属于（   ）。

    A. 定序数据   B. 定类数据   C. 定距数据   D. 定比数据

12. 反映服装型号的大、中、小的数据属于（   ）。

    A. 定序数据   B. 定类数据   C. 定距数据   D. 定比数据

13. 反映高校专任教师中具有博士学位者比重的标志属于（   ）。

    A. 不变标志   B. 直接标志   C. 品质标志   D. 间接标志

14. 下列哪个指标其数值大小与总体容量大小无关？（   ）

    A. 高校工资总额   B. 高校粮食消费量

    C. 高校年发表论文总数   D. 高校年人均发表论文数

15. 下列哪个指标其数值大小与时间长短没有必然关系？（   ）

    A. 某地区生产总值   B. 某地区投资总额

    C. 某地区人口数   D. 某地区用电量

16. 统计研究通过统计指标及其体系来认识现象的本质与规律，这指的是统计研究对象的（   ）。

    A. 总体性   B. 方法性   C. 数量性   D. 描述性

17. 统计学存在的必要性是因为现象总体具有（   ）。

    A. 同质性   B. 大量性   C. 数量性   D. 差异性

18. 下列标志中属于不变标志的是（   ）。

    A. 企业职工年龄   B. 高校教师收入

    C. 城市居民身高   D. 部队军人身份

四、多项选择题

1. 连续不断的网络数据总体属于（   ）。

    A. 有限总体   B. 抽象总体   C. 具体总体   D. 无限总体

    E. 动态总体

2. 一个国家或地区的人均粮食产量属于（   ）。

    A. 总量指标   B. 相对指标   C. 平均指标

    D. 强度相对指标   E. 质量指标

3. 一个国家或地区的人均粮食消费量属于（   ）。

    A. 总量指标   B. 相对指标   C. 平均指标

    D. 强度相对指标   E. 质量指标

4. 高校"专业"这个标志属于（　　　）。

　　A. 数量标志　　　　B. 品质标志　　　　C. 可变标志　　　　D. 不变标志

　　E. 直接标志

5. 高校的"教授比重"这个标志属于（　　　）。

　　A. 数量标志　　　　B. 品质标志　　　　C. 可变标志　　　　D. 不变标志

　　E. 直接标志

6. 统计研究所采用的基本方法包括（　　　）。

　　A. 定量方法　　　　B. 定性方法　　　　C. 归纳方法　　　　D. 描述方法

　　E. 推断方法

7. 统计指标的定义方法包括（　　　）。

　　A. 提要法　　　　B. 示算法　　　　C. 穷举法　　　　D. 公式法

　　E. 限定法

8. 非结构化数据包括（　　　）。

　　A. 文本　　　　B. 图像　　　　C. 声音　　　　D. 办公文档

　　E. 符号

9. 总量指标的计量单位有（　　　）。

　　A. 价值单位　　　　B. 时间单位　　　　C. 自然单位　　　　D. 度量衡单位

　　E. 双重单位和复合单位

10. 年末国家粮食储备总量属于（　　　）。

　　A. 总量指标　　　　B. 时期指标　　　　C. 时点指标　　　　D. 实物指标

　　E. 存量指标

五、简答题

1. 统计的含义与本质是什么？

2. 什么是统计学？有哪些性质？

3. 如何从产生和发展过程来理解统计学的学科性质？

4. 为什么说统计学是一门关于数据的科学？

5. 如何看待国势学派对统计学的贡献？

6. 如何正确看待统计学的作用？

7. 统计数据有哪些分类？不同类型的数据有什么不同特点？试举例说明。

8. 定性数据在统计处理上要注意什么问题？

9. 大数据概念的提出，将对统计学产生什么样的影响？

10. 什么是大量观察法？与大数据有什么不同？

11. 如何正确理解描述统计与推断统计的关系？

12. 统计研究的基本过程如何？常用的统计方法有哪些？

13. 总体、样本、个体三者关系如何？试举例说明。

14. 为什么说差异性是统计研究的前提？

15. 如何理解总体的大量性、同质性和差异性？

16. 如何理解标志、指标、变量三者的含义与关系？试举例说明。

17. 品质标志、数量标志、质量指标、数量指标四者关系如何？试举例说明。

18. 该如何设计统计指标？试举例说明。

19. 什么是统计指标体系？有哪些表现形式？试举例说明。

20. 统计学与数学有什么不同？

六、计算题

某公司所属三个企业两年的计划产量、实际产量资料如下所示：

产量\企业名	上年实际产量（吨）	本年计划		本年实际		本年计划完成程度（%）	本年实际增长程度（%）
		产量（吨）	比重（%）	产量（吨）	比重（%）		
甲	90	—	20	110	—	—	—
乙	—	150	—	—	—	100.67	115
丙	230	—	—	237	—	—	—
合计	—	500		498	—	—	—

试填写表中空缺的数据，并说明其中包含了哪些相对数。

第二章

统计数据的收集、整理与显示

◎ 本章要点

1．统计数据收集，就是按照统计研究的目的和任务，运用各种科学有效的方式和方法，有针对性地收集反映客观现实的统计数据的活动过程，通常也称为统计调查。准确性、及时性和完整性是统计数据收集的基本要求。

2．统计数据收集需要事先设计方案，方案内容包括数据收集目的、数据及其类型、数据收集对象与观测单位、观测标志与调查表、数据收集方式与方法、数据所属时间和数据收集期限、数据收集地点、数据收集的组织等。要注意数据观测单位与提供单位的区别，以及数据所属时间与数据收集期限的区别。

3．统计数据收集方式有两种：统计调查方式和试验方式。统计调查方式，就是通过对调查对象总体的全部或部分个体的有关标志特征进行调查或观测的方式来获取统计数据。常用的统计调查方式有普查、抽样调查、重点调查等几种，其中抽样调查最为常用。试验方式，就是运用自然科学的试验法，通过观测人为安排条件下试验产生的各种结果并加以记录的方式来获取数据，或通过人为安排条件下的试验来探求某个或某些因素对所研究事物的数量影响程度和作用方式，凭借试验结果来揭示所考察因素与所研究事物之间的数量因果关系。

4．普查是根据特定的统计研究目的而专门组织的一次性的全面调查，用以收集所研究现象总体的全面资料（即总体中的所有个体都是观测单位）。一般而言，普查所要收集的资料大多属于处于一定时点上的社会经济现象的总量及分类数。普查需要遵循若干必要的原则。

5．抽样调查是一种从总体中抽取样本，以样本推断总体的非全面调查，具有经济节省、时效性强、准确度高、灵活方便等优点，在各个领域得到广泛的应用。根据抽取样本的方式不同，抽样调查可分为概率抽样和非概率抽样两类。概率抽样是按照随机原则抽取样本，即总体中的每个个体都有已知的、非零的概率被抽取到样本中，它具有五个特点：一是样本的抽取遵循随机原则；二是以部分推断总体；三是运用概率估计的方法；四是以大数定律和中心极限定理为依据；五是抽样误差可以计算并加以控制。概率抽样常见的抽样组织形式有简单随机抽样、分层抽样、等距抽样、整群抽样和多阶段抽样五种。非概率抽样是凭人们的主观判断或根据便利性原则来抽取样本，总体中每个个体被抽取的可能性是难以用概率来表示和计算的。非随机抽样有任意抽样、典型抽样、定额抽样和流动总体抽样等几种。

6．重点调查是一种对数据收集对象总体中的部分重点个体进行观测的非全面统计调查方式。所谓重点个体，是就调查标志而言，那些在总体标志总量中占有绝大比重的少数个体。重点调查有两个特点：一是以客观原则来确定观测单位；二是属于范围较小的全面调查，即对所有重点个体都要进行观测。重点调查的关键是确定好重点单位。

7．运用试验方式需要遵循下列两个原则：均衡分散性原则和整齐可比性原则。试验方式常用的试验设计有以下几种：完全随机试验、随机区组试验、拉丁方试验和正交试验。

8．在统计数据收集过程中，可能存在两类误差：观测性误差和代表性误差。观测性误差也叫登记性误差或调查性误差，它是在调查观测的各个环节因工作粗心或被观测者不愿很好地配合而造成的所收集数据与实际情况不符的误差。这种误差，在全面调查和非全面调查中都会产生，并且一般地，调查范围越广越大，观测的个体越多，则产生误差的可能性越大。代表性误差是指在抽样调查中，因样本不能完全代表总体而产生的估计结果与总体真实数量特征不符的误差，又分为系统性代表性误差和偶然性代表性误差两种。系统性代表性误差通常是难以计算和控制的，偶然性代表性误差虽不可避免但可以计算和控制。抽样调查中的观测性代表性误差与系统性代表性误差合在一起，统称为非抽样误差。

9．统计数据收集方法，是指获取被调查对象数据的渠道或途径，常用的方法有直接观察法、通讯法、采访法、登记法等几种。随着现代信息技术的不断发展，计算机、网络、光电技术、卫星遥感、地理信息系统等高新技术不断被引入到统计数据的收集中。

10．问卷是依据统计研究目的和要求，按照一定的理论假设设计出来，由一系列问题、项目、备选答案及说明所组成的，向被调查者收集资料的一种工具，按是否由被调查者自己填写可分为自填式问卷和代填式问卷两种，它一般由引言、被调查者基本情况、问题和答案、结语四个部分组成。问卷设计的关键是问题及问题答案的设计，它们分别有不同的类型并需要遵循一些基本的原则。

11．统计数据整理，简称统计整理，是指根据统计研究的目的，对统计收集到的数据进行科学的加工处理，使之系统化、条理化和综合化，成为能反映研究对象总体数量特征和满足统计分析需要的统计数据的过程，包括对原始数据和次级数据的再整理。统计数据整理包括以下几个步骤：整理方案的设计，数据预处理，统计分组和汇总，整理数据的显示和整理数据的保存与公布。

12．统计分组就是根据统计研究的目的和事物本身的特点，选择一定的标志，将研究现象总体划分为若干性质不同的组或类的一种统计研究方法。统计分组在揭示现象所属类型，解剖总体内在结构，分析现象之间关系等方面具有重要的作用。统计分组是分与合的统一，必须遵循互斥与穷尽的原则，应最大限度地体现分组标志的组与组之间性质的差异，要正确选择分组标志，合理确定分组界限。

13．统计分组有简单分组与复合分组，品质分组与数量分组之分。数量分组（变量）的难点是合理确定组间数量界限和分组数，在组距式分组中还要合理确定组距。数量标志分组的结果形成变量数列。

14．在统计分组的基础上，将总体中的所有个体按组归类排列，并计算出各组的个体数，就形成频数分布。分配在各组的个体数，称为频数（次数），各组频数之和称为总频数（总次数），各组频数与总频数之比称为频率。将各组的频数或频率按分组的一定顺序加以排列，就形成分布数列，它有两个构成要素：统计分组所形成的各个组和各组的频数或频率。分布数列分为品质数列和变量数列两种。变量数列又分为单项式数列和组距式数列两种。编制组距式数列需要处理好组距与组数、组限与组中值等几个问题。

15．按顺序列出各组的组别及相应的频率，就构成频率分布。频率分布有两个基本性质：一是各组频率都是一个介于 0 与 1 之间的分数，即大于 0 而小于 1；二是各组频率之和等于 1。在频数分布的基础上，将各组频数依次累计，就形成累计频数分布。各组累计频数与总频数之比，就形成累计频率分布。累计分布有向上累计分布与向下累计分布两种。洛伦茨曲线是一条向上累计分布曲线。

16．统计表是一种用以表现统计数据的重要形式。广义的统计表还包括统计调查表和统计分析表。统计表的结构从表式上看，由总标题、横行标题、纵栏标题和指标数值四个部分组成；从内容上看由主词和宾词两部分组成。统计表可以分为未分组表、简单分组表和复合分组表三种。统计表的设计必须目的明确，内容具体，美观简洁，清晰明了，科学实用。

17．统计图是直观、形象、生动地表现统计数据的方式，种类很多，例如直方图（柱形图）、折线图、散点图、圆饼图、圆环图、雷达图等。此外，有时还使用茎叶图、箱形图等。Excel 能满足统计数据整理与显示的一般需要。

一、填空题

1. 统计数据收集的基本要求是_____、_____和_____。

2. 统计数据的收集对象就是_____，观测单位则是指_____。

3. 把所要观测的标志按逻辑顺序列在一定的表格内，就形成了_____。

4. _____是一种特殊的调查表。

5. 常用的统计调查方式有_____、_____和_____等几种，其中又以_____为主。

6. 一般而言，_____用于收集一个国家的国情国力方面的基本统计资料，我国目前主要有_____和_____两种。

7. 抽样调查可以分为_____和_____两类，两者的区别在于是否按照_____原则获取样本。

8. 概率抽样在样本的抽取上遵循_____，在功能上_____，在推断手段上运用_____的方法，在推断理论上以_____和_____为依据，在推断效果上_____可以计算并加以控制。

9. 总体中每个个体都有数次被抽中可能性的抽样，称为_____；总体中每个个体最多只有一次被抽中可能性的抽样，称为_____。

10. 抽样组织形式包括_____、_____、_____、_____和_____五种。

11. 按固定间隔和规定顺序来抽取样本的抽样，称为_____。

12. 凭借人们的主观判断或根据便利性原则来抽取样本的抽样，称为_____，它具体又可以分为_____、_____、_____和_____等几种。

13. _____属于全面调查，_____和_____属于非全面调查，而_____属于间接统计调查。

14. 通过试验方式来获取数据需要遵循两个原则，即_____和_____；常用的试验设计有_____、_____、_____和_____等几种。

15. 所有统计调查都可能产生的误差叫_____，也叫_____或_____。

16. 在抽样调查中可能会存在＿＿＿＿＿＿＿＿和＿＿＿＿＿＿＿＿两类误差，或者说＿＿＿＿＿＿＿＿、＿＿＿＿＿＿＿＿和＿＿＿＿＿＿＿＿三种误差，其中＿＿＿＿＿＿＿＿和＿＿＿＿＿＿＿＿合在一起称为非抽样误差。

17. 重点调查的关键是重点个体的确定，有两种确定方法：确定一个＿＿＿＿＿＿＿＿或者确定一个＿＿＿＿＿＿＿＿。

18. 对总体中的重点个体进行全面调查、对非重点个体进行抽样调查的方式，称为＿＿＿＿＿＿＿＿。

19. 问卷一般由＿＿＿＿＿＿＿＿、＿＿＿＿＿＿＿＿、＿＿＿＿＿＿＿＿和＿＿＿＿＿＿＿＿四部分组成。问卷中的问题按照回答方式可以分为＿＿＿＿＿＿＿＿、＿＿＿＿＿＿＿＿和＿＿＿＿＿＿＿＿。

20. 统计分组的关键是＿＿＿＿＿＿＿＿和＿＿＿＿＿＿＿＿。

21. 统计分组必须遵循＿＿＿＿＿＿＿＿和＿＿＿＿＿＿＿＿的原则。

22. 变量数列有两种：＿＿＿＿＿＿＿＿和＿＿＿＿＿＿＿＿。在组距式数列中，表示各组界限的变量值称为＿＿＿＿＿＿＿＿，各组上限与下限之间的中点称为＿＿＿＿＿＿＿＿。为了明确变量值正好等同于组限的个体的归属问题，我们采用＿＿＿＿＿＿＿＿的原则。

23. 累计分布有向上累计与向下累计两种。向上累计的结果说明各组＿＿＿＿＿＿＿＿的累计频数或累计频率，向下累计的结果说明各组＿＿＿＿＿＿＿＿的累计频数或累计频率。

24. 设考试成绩的全距为 100 分，如果 60 分以下为一组，其余等分为 4 组，则各组的组距为＿＿＿＿＿＿＿＿，这种分组称为＿＿＿＿＿＿＿＿。

25. 已知某组距式数列最上一组的下限为 A，相邻组的组中值为 B，则该数列最上一组的上限为＿＿＿＿＿＿＿＿，组中值为＿＿＿＿＿＿＿＿。

26. 在异距数列中，各组的频数或频率不能直接比较，必须计算＿＿＿＿＿＿＿＿或＿＿＿＿＿＿＿＿，它们分别是各组的＿＿＿＿＿＿＿＿或＿＿＿＿＿＿＿＿与＿＿＿＿＿＿＿＿之比。

27. 统计表从形式上看，由＿＿＿＿＿＿＿＿、＿＿＿＿＿＿＿＿、＿＿＿＿＿＿＿＿和＿＿＿＿＿＿＿＿四部分组成；从内容上看，由＿＿＿＿＿＿＿＿和＿＿＿＿＿＿＿＿两部分组成。

28. 统计图常见的有＿＿＿＿＿＿＿＿、＿＿＿＿＿＿＿＿和＿＿＿＿＿＿＿＿三类，其中曲线图中最常见的也有三种：＿＿＿＿＿＿＿＿、＿＿＿＿＿＿＿＿和＿＿＿＿＿＿＿＿。洛伦茨曲线是一种＿＿＿＿＿＿＿＿曲线。

二、判断题

1. 观测单位就是统计数据的提供单位。(   )

2. 调查表包括登记表、记录表，也包括问卷。(   )

3. 普查是全面调查，抽样调查是非全面调查，所以普查比抽样调查准确。(   )

4. 无论是概率抽样还是非概率抽样，误差都是可以计算的。(   )

5. 偶然性误差只存在于抽样调查，观测性误差则可能存在于任何统计调查。(   )

6. 抽样调查中存在的误差都叫抽样误差。(   )

7. 随意抽样是随机抽样的一种具体形式。(   )

8. 分层抽样的样本代表性取决于层内差异，所以要尽量通过分层把总体差异转化为层内差异。(   )

9. 整群抽样的样本代表性取决于群内差异，所以要尽量把总体差异转化为群间差异。(   )

10. 多阶段抽样可以理解为分层抽样与整群抽样的结合形式。(   )

11. 为了尽可能多地收集统计数据，问卷应尽可能长。(   )

12. 统计分组应使组间差异尽量小。(   )

13. 统计分组的"分"是对个体而言的，"合"是对总体而言的。(   )

14. 每一次统计分组都只有一个合理的分组标志。(   )

15. 统计分组的关键是确定组数与组距。(   )

16. 各组的频数或频率都是可以直接比较的。(   )

17. 凡是离散型变量都适合编制单向式数列。(   )

18. 广义上看，任何用以表现统计数据或由统计数据组成的表格都是统计表。(   )

19. 在编制组距式数列时，最大组的上限应低于总体的最大变量值，最小组的下限应高于总体的最小变量值。(   )

20. 统计分组在体现分组标志的组间差异时，可能会掩盖其他分组标志的组间差异。(   )

三、单项选择题

1. 某市进行住户收支状况调查，则观测单位是(   )。
   A. 该市每一住户   B. 该市全部住户
   C. 该市每一居民   D. 该市全体居民

2. 实践中最常用的统计数据收集方式是（　　　）。

    A. 普查　　　　　　B. 重点调查　　　　C. 抽样调查　　　　D. 统计推算

3. 要想了解高校学生的体能状况，最合适的数据收集方式是（　　　）。

    A. 普查　　　　　　B. 重点调查　　　　C. 抽样调查　　　　D. 统计推算

4. 调查小学男生的身高，则身高是（　　　）。

    A. 观测标志　　　　B. 观测单位　　　　C. 调查对象　　　　D. 变量值

5. 抽样调查中不可避免的误差是（　　　）。

    A. 系统性误差　　　B. 偶然性误差　　　C. 观测性误差　　　D. 登记性误差

6. 在某一高校食堂门口向部分过往的同学进行问卷调查，属于（　　　）。

    A. 流动总体抽样　　B. 随机抽样　　　　C. 任意抽样　　　　D. 定额抽样

7. 被称为范围较小的全面调查的统计调查方式是（　　　）。

    A. 典型调查　　　　B. 重点调查　　　　C. 抽样调查　　　　D. 统计推算

8. 在对观测对象进行了解分析的基础上，有意识地选取若干有代表性的个体进行调查，这种方式属于（　　　）。

    A. 典型抽样　　　　B. 概率抽样　　　　C. 任意抽样　　　　D. 定额抽样

9. 目录抽样法是哪两种统计调查方式相结合的产物？（　　　）

    A. 典型抽样与重点调查　　　　　　　　B. 普查与抽样调查

    C. 抽样调查与统计推算　　　　　　　　D. 重点调查与抽样调查

10. 在数据收集的试验方式中，若将一组元素编排成行与列相等且每个元素在各行各列都出现一次且只出现一次的方格，然后对三个因素中的一个因素的不同状态进行研究，这种设计称为（　　　）。

    A. 正交试验　　　　　　　　　　　　　B. 完全随机试验

    C. 随机区组试验　　　　　　　　　　　D. 拉丁方试验

11. 人口普查中可能存在的误差是（　　　）。

    A. 代表性误差　　　B. 偶然性误差　　　C. 观测性误差　　　D. 抽样误差

12. 问卷设计的关键是（　　　）。

    A. 结构的设计　　　　　　　　　　　　B. 被调查者基本情况的设计

    C. 问题的设计　　　　　　　　　　　　D. 答案的设计

13. 企业职工先按技术等级分组，以此为基础再按工龄分组，这种分组属于（　　　）。

    A. 简单分组　　　　B. 复合分组　　　　C. 品质分组　　　　D. 并列分组

14. 在组距式数列中，对组限值的处理原则是（　　　）。

    A. 上限不在内　　　　　　　　　　　　B. 下限不在内

C. 上下限均不在内   D. 上下限均在内

15. 无论是单项式数列还是组距式数列，其必不可少的两个基本要素是（   ）。

     A. 组距与组数   B. 组别与频数

     C. 组距与组中值   D. 组限与组中值

16. 最常见的变量分布类型是（   ）。

     A. 正 J 形分布   B. U 形分布   C. 钟形分布   D. 反 J 形分布

17. 人口按年龄（周岁）分组如下：0 岁，1~3 岁，3~7 岁，7~12 岁，……，60~75 岁，75~85 岁，85 岁以上，最后一组的组中值是（   ）。

     A. 92.5 岁   B. 90 岁   C. 100 岁   D. 95 岁

18. 在初中生体重的组距式数列中，最大组为 50 千克以上，人数为 10 人，相邻组为 45~50 千克，则最大组的次数密度是（   ）。

     A. 0.5   B. 2   C. 5.25   D. 0.2

四、多项选择题

1. 常用的统计调查方式有（   ）。

     A. 普查   B. 试验方式   C. 抽样调查   D. 重点调查

     E. 统计推算

2. 抽样组织形式除了简单随机抽样外，还有（   ）。

     A. 等概率抽样   B. 分层抽样   C. 整群抽样   D. 等距抽样

     E. 多阶段抽样

3. 抽样调查中的误差可能包括（   ）。

     A. 观测性误差   B. 系统性代表性误差   C. 总体分布误差   D. 抽样误差

     E. 计算误差

4. 根据调查内容不同，问卷中的问题包括（   ）。

     A. 事实性问题   B. 意见性问题   C. 评价性问题   D. 封闭性问题

     E. 开放性问题

5. 问卷中如果涉及敏感性问题，需要做特殊技巧处理，常用技巧有（   ）。

     A. 释疑法   B. 回避法   C. 假定法   D. 转移法

     E. 模糊法

6. 统计分组所体现的组间差异包括（   ）。

     A. 时间差异   B. 空间差异   C. 数量差异   D. 属性差异

     E. 个体差异

7. 变量数列包括（ ）。

    A. 单项式数列   B. 等距数列   C. 不等距数列   D. 组距式数列

    E. 品质数列

8. 编制组距式数列需要考虑的因素有（ ）。

    A. 按品质标志还是按数量标志分组   B. 等距分组还是不等距分组

    C. 如何处理组限   D. 如何决定组数

    E. 如何确定组中值

9. 常见的统计分布有（ ）。

    A. 钟形分布   B. 正 J 形分布   C. U 形分布   D. 水平分布

    E. 反 J 形分布

10. 洛伦茨曲线是（ ）。

    A. 向上累计曲线   B. 向下累计曲线   C. 正 J 形分布   D. 反 J 形分布

    E. 基尼系数线

五、简答题

1. 什么是统计数据收集方案？该如何设计？试举例说明。

2. 什么是普查？应遵循哪些原则？

3. 概率抽样与非概率抽样有什么本质区别？试举例说明。

4. 概率抽样有哪些特点？

5. 重复抽样与不重复抽样有什么区别？

6. 非概率抽样有哪些类型？你认为应该如何选择应用？

7. 抽样调查有哪些作用？在大数据背景下面临着什么样的挑战？

8. 分层抽样与整群抽样有什么区别？试举例说明。

9. 什么是重点调查？有什么特点？

10. 什么是统计数据收集的试验方式？应遵循哪些原则？

11. 常用的试验设计有哪些？试分别举例说明。

12. 在统计数据收集过程中，可能存在哪些误差？试分别举例说明。

13. 什么是问卷？有哪些分类？基本结构如何？

14. 该如何设计问卷的问题？

15. 该如何设计问卷的答案？

16. 统计数据整理有哪些基本步骤？

17. 如何理解统计分组的含义与作用？

18. 统计分组有哪些重要性质？

19. 编制变量数列该重点处理好哪些问题？

20. 什么是统计表？其基本结构如何？

21. 统计分布有哪些常见类型？试举例说明。

六、计算题

根据《统计学》书中例 2-6 关于 55 名工人日加工零件数资料，完成如下任务：

（1）编制频数分布数列和频率分布数列。

（2）编制向上、向下累计频数分布数列和累计频率分布数列。

（3）绘制直方图、折线图、曲线图、箱形图和累计分布曲线图（可利用 Excel）。

（4）说明工人日加工零件数的分布特征。

七、实践题

请同学们组成 5 人小组，自行确定调查主题，设计问卷，并进行实际调查（有效问卷 50 份以上），利用 Excel 进行问卷数据处理，编制必要的统计表，绘制必要的统计图，并写出简单的调查报告。

第三章

变量分布特征的描述

本章要点

1. 变量分布特征的描述有以下三个方面：一是变量分布的集中趋势，反映变量分布中各变量值向中心值靠拢或聚集的程度；二是变量分布的离中趋势，反映变量分布中各变量值远离中心值的程度；三是变量分布的形状，反映变量分布的偏斜程度和尖陡程度。

2. 集中趋势亦称为趋中性，是指变量分布以某一数值为中心的倾向。作为中心的数值就称为中心值，它反映变量分布中心点的位置所在。变量分布的集中趋势要用平均指标来反映。平均指标是将变量的各变量值差异抽象化，以反映变量值一般水平或平均水平的指标，即反映变量分布中心值或代表值的指标。平均指标的具体表现称为平均数，平均数因计算方法不同可分为数值平均数和位置平均数两类。数值平均数主要包括算术平均数、调和平均数和几何平均数，位置平均数主要包括中位数和众数。在实际中，平均指标具有重要的作用。

3. 算术平均数也称为均值，是变量所有取值的总和除以变量值个数的结果。根据数据的条件不同，有简单算术平均数与加权算术平均数之分。权数既表现为各组的频数，更表现为各组的频率。根据组距式数列计算的加权算术平均数是一个近似值。算术平均数具有两个重要的数学性质：各变量值与算术平均数的离差之和等于零，各变量值与算术平均数的离差平方和为最小值。算术平均数易受极端值的影响。

4. 调和平均数从数学形式上看具有独立的形式，它是变量值倒数的算术平均数的倒数，也称为倒数平均数。但在实际应用中，它更多地以算术平均数的变形存在。调和平均数也有简单与加权之分，加权调和平均数的权数是各组的标志总量或各组标志总量占总体标志总量的比重。在以相对数或平均数计算平均数时，要能正确选择该使用加权算术平均数还是该使用加权调和平均数。

5．几何平均数是变量值的连乘积的相应次方根，是计算平均比率或平均速度的常用方法，例如用于计算水平法的平均发展速度、流水作业生产的产品平均合格率、复利法的平均利率等。几何平均数包括简单几何平均数和加权几何平均数两种。

6．从数学上看，算术平均数、调和平均数和几何平均数都是幂平均数的一种。

7．中位数是变量的所有变量值按定序尺度排序后，处于中间位置的变量值，是一种位置平均数。中位数既可用以测定定量变量的集中趋势，也可用以测定定序变量的集中趋势，但不适用于定类变量。分位数是将变量的数值按大小顺序排列并等分为若干部分后，处于等分点位置的数值。常用的分位数有四分位数、十分位数和百分位数。中位数就是一个特殊的分位数。

8．众数是变量数列中出现次数最多、频率最高的变量值，也是一种位置平均数。众数可用以测定任何种类变量的集中趋势。众数与中位数一样，都不受变量数列中极端值的影响。

9．利用算术平均数、众数、中位数三者之间的数量大小关系，可以判断变量分布是否对称以及偏斜的方向。在轻微偏斜时，可以根据已知的两个平均数去近似地估计第三个平均数。

10．所谓离中趋势，就是变量分布中各变量值背离中心值的倾向。变量分布的离中趋势要用离散指标来反映。离散指标就是反映变量值变动范围和差异程度的指标，即反映变量分布中各变量值远离中心值或代表值程度的指标，也称为变异指标或标志变动度指标。离散指标具有重要的作用。常用的离散指标主要有全距（亦称极差）、四分位差、异众比率、平均差、标准差、离散系数等，它们分别具有不同的特点与用途。方差和标准差具有若干重要的性质。

11．分布形状不同，表明变量分布的内在结构也不同。变量分布的形状要用形状指标来反映。形状指标就是反映变量分布具体形状，即左右是否对称、偏斜程度与陡峭程度如何的指标。形状指标有两个方面：一是反映变量分布偏斜程度的指标，称为偏度系数；二是反映变量分布陡峭程度的指标，称为峰度系数。计算偏度系数与峰度系数的主要方法是动差法。

一、填空题

1. 变量分布的特征可以做三方面的描述，分别是_____、_____和_____。

2. 变量分布的集中趋势也称为_____，用_____来反映，其具体表现称为_____，按计算方法不同可分为_____和_____。

3. 数值平均数常用的有_____、_____和_____，位置平均数常用的有_____和_____。

4. 加权算术平均数的权数有两种形式，它们分别是_____和_____。

5. 变量分布的离中趋势用_____来反映，也称为_____或_____，常用的有_____、_____、_____、_____和_____等。

6. 四分位差也称为_____或_____，它是_____与_____之差。

7. 变量分布的形状一般从_____和_____两方面来反映，相应的指标分别为_____和_____。

8. 算术平均数的数学性质主要有_____和_____。

9. 一阶原点动差的结果是_____，一阶中心动差的结果是_____，二阶中心动差的结果是_____。

10. 根据幂平均数 $\bar{x}^t = \sqrt[t]{\dfrac{\sum x^t}{n}}$ 的定义，_____是当 $t=1$ 时的结果，_____是当 $t=-1$ 时的结果，_____是当 t 趋向于 0 时的极限结果。

11. 假设是非标志的特征值分别是 1 与 0，比重分别是 p 与 q，那么是非标志的平均数是_____，方差是_____，标准差是_____，标准差系数是_____。

12. 若某公司的工资总额中管理人员占 35%，且管理人员平均月工资为 9 500 元，非管理人员平均月工资为 6 500 元，则该公司的总平均工资为_____元。

二、判断题

1. 对于定性变量，不能确定平均数。（　　　）

2. 平均数把个体之间的特征差异抽象化了。（　　　）

3. 位置平均数不受变量数列中的极端值的影响。（　　　）

4. 任何变量数列都既存在中位数，又存在众数。（　　　）

5. 根据组距式数列计算的平均数、标准差等，都是近似值。（　　　）

6. 任何平均数都受变量数列中的极端值的影响。（　　　）

7. 中位数是分位数中的一个特殊值。（　　　）

8. 中位数把变量数列分成了两半，一半数值比它大，另一半数值比它小。（　　　）

9. 如果 $\bar{x} < m_e < m_0$，则变量分布为右偏。（　　　）

10. 不论是左偏分布还是右偏分布，中位数始终处于算术平均数与众数之间。（　　　）

11. 在实际应用中，任何变量都既可以计算算术平均数，又可以计算调和平均数，还可以计算几何平均数。（　　　）

12. 若比较两个变量分布平均数代表性的高低，则方差或标准差大者平均数的代表性差。（　　　）

13. 只要变量分布具有相同的标准差，就会有相同的分布形状。（　　　）

14. 变量分布的集中趋势就是众数组的频数占总频数的比重，离中趋势则是非众数组的频数占总频数的比重。（　　　）

15. 在实际应用中，调和平均数与算术平均数的计算形式虽然不同，但计算结果及其意义是一样的。（　　　）

16. 加权调和平均数与加权算术平均数虽然应用数据的条件不同，但都符合总体标志总量与总体总频数的对比关系。（　　　）

17. 在流水生产作业过程中，假设各车间的废品率为 x_i，则平均废品率为 $\sqrt[n]{\prod x_i}$。（　　　）

18. 就同一批产品而言，对应于合格率、不合格率的标准差是相等的。（　　　）

19. 若某一变量的所有变量值都增加 10%，则平均数也增加 10%。（　　　）

20. 若某一变量的所有变量值都增加 10%，则方差也增加 10%。（　　　）

21. 若变量数列的各组频数都增加 10%，则平均数也增加 10%。（　　　）

22. 若变量数列的各组频数都增加 10%，则方差也增加 10%。（　　　）

23. 变量分布的集中趋势指的是接近中心值的变量值居多，远离中心值的变量值较少。（　　　）

三、单项选择题

1. 平均指标最大的特点是（　　　）。

   A. 代表性与综合性　　　　　　　　　　　B. 抽象性与综合性

    C. 相对性与代表性   D. 代表性与抽象性

2. 下列哪一组平均数不受极端值的影响？（　　　）

    A. 算术平均数与众数   B. 调和平均数与中位数

    C. 几何平均数与算术平均数   D. 众数与中位数

3. 由相对数计算平均数时，如果已知该相对数的子项数值，则应该采用（　　　）。

    A. 算术平均数   B. 调和平均数   C. 几何平均数   D. 位置平均数

4. 如果计算算术平均数的所有变量值都增加 100，则方差（　　　）。

    A. 增加 100   B. 增加 10 000

    C. 不变   D. 不能确定如何变化

5. 如果计算加权算术平均数的各组频数都减少为原来的 4/5，则算术平均数（　　　）。

    A. 减少 4/5   B. 减少为原来的 4/5

    C. 不变   D. 不能确定如何变化

6. 数学上独立，应用中作为算术平均数变形的是（　　　）。

    A. 加权算术平均数 B. 调和平均数   C. 几何平均数   D. 位置平均数

7. 计算连续过程的平均比率应该采用（　　　）。

    A. 算术平均数   B. 调和平均数   C. 几何平均数   D. 位置平均数

8. 在统计推断中最重要的离散指标是（　　　）。

    A. 平均差   B. 全距   C. 标准差   D. 四分位差

9. 某企业有 A、B 两个车间，去年 A 车间人均产量 3.6 万件，B 车间人均产量 3.5 万件。今年 A 车间生产人数增加 6%，B 车间生产人数增加 8%。如果两个车间的人均产量都保持不变，则该企业今年总的人均产量与去年相比（　　　）。

    A. 上升   B. 下降

    C. 不变   D. 不能确定如何变化

10. 已知某变量分布属于钟形分布，且 $m_o=900$，$m_e=930$，则（　　　）。

    A. $\bar{x} < 900$ B. $900 < \bar{x} < 930$ C. $\bar{x} > 930$ D. $\bar{x} = 915$

11. 对某一变量数列计算数学意义上的数值平均数，得 $\bar{x} = 390$，则（　　　）。

    A. $H \geqslant 390, G \geqslant 390$ B. $G \geqslant 390, H \leqslant 390$ C. $G \leqslant 390, H \geqslant 390$ D. $G \leqslant 390, H \leqslant G$

12. 若两个变量数列的标准差相等且计量单位相同，但平均数不相等，则（　　　）。

    A. 平均数大者代表性强   B. 平均数小者代表性强

    C. 两个平均数的代表性一样   D. 无法判断哪个平均数的代表性强

13. 离散指标中受极端值影响最大的是（　　　）。

    A. 平均差   B. 标准差   C. 全距   D. 方差

14. 统计学中最常用的平均数是（　　　）。

    A. 众数与中位数　　B. 调和平均数　　　C. 算术平均数　　　D. 几何平均数

15. 假如学生的考试成绩用优秀、良好、中等、及格和不及格来表示，那么全班考试
    成绩的水平高低应该用什么平均数来说明？（　　　）

    A. 可以用算术平均数　　　　　　　　　B. 只能用众数

    C. 可以用众数或中位数　　　　　　　　D. 只能用中位数

16. 根据动差的定义，方差属于（　　　）。

    A. 一阶原点动差　　　　　　　　　　　B. 二阶原点动差

    C. 一阶中心动差　　　　　　　　　　　D. 二阶中心动差

17. 动差法峰度系数关于尖顶还是平顶的判断值是（　　　）。

    A. 0　　　　　　　　B. 1　　　　　　　　C. 1.8　　　　　　　D. 3

18. 标准化统计量 Z 服从（　　　）的正态分布。

    A. 均值为 1　　　　　　　　　　　　　B. 标准差为 0

    C. 均值为 1，标准差为 0　　　　　　　D. 均值为 0，标准差为 1

19. 动差法偏度系数的取值范围是（　　　）。

    A.（-1，1）　　　　B.（-3，3）　　　　C.（-∞，∞）　　　D.（-0.5，0.5）

20. 在轻微偏态的情况下，$\bar{x}$、m_o 和 m_e 三者之间的关系是（　　　）。

    A. $\bar{x} - m_o = 3(m_o - m_e)$　　　　　　　B. $\bar{x} - m_o = 3(\bar{x} - m_e)$

    C. $\bar{x} - m_o = 3(\bar{x} - m_o)$　　　　　　　D. $\bar{x} - m_e = 3(m_o - m_e)$

四、多项选择题

1. 平均指标的作用包括（　　　）。

    A. 反映变量分布的集中趋势（一般水平）　B. 据以进行空间或时间上的比较

    C. 作为批判事物的一种标准　　　　　　　D. 反映事物发展变化的稳定性

    E. 作为统计分析与推算的基础

2. 离散指标的作用有（　　　）。

    A. 反映变量分布的离中趋势　　　　　　　B. 据以衡量平均数代表性的高低

    C. 反映事物发展变化的稳定性　　　　　　D. 作为批判事物的一种标准

    E. 作为统计推断的依据

3. 容易受到极端值影响的平均数有（　　　）。

    A. 众数　　　　　　B. 中位数　　　　　　C. 算术平均数　　　D. 调和平均数

    E. 几何平均数

4. 若偏度系数大于 0，说明变量分布属于（　　　）。

   A. 左偏　　　　　　　B. 右偏　　　　　　　C. 正偏　　　　　　　D. 负偏

   E. 对称

5. 下列哪些情况需要通过计算离散系数来比较不同变量数列平均数代表性的高低？

   （　　　）

   A. 平均数大（小）者标准差也大（小）　　B. 平均数大（小）者标准差小（大）

   C. 平均数相等，标准差不等　　　　　　　D. 标准差相等，平均数不等

   E. 不同变量数列的计量单位不同

6. 下列属于平均指标的有（　　　）。

   A. 人均收入　　　　　　　　　　　B. 人均消费指出

   C. 人均粮食产量　　　　　　　　　D. 人均粮食消费量

   E. 人均身高

7. 下列哪些公式是正确的？（　　　）

   A. $\sum(x-\bar{x})=1$　　　　　　　B. $\sum(x-\bar{x})=0$

   C. $\sum(x-\bar{x})^2=1$　　　　　　D. $\sum(x-\bar{x})^2=$ 最小值

   E. $\sum(x-\bar{x})=$ 最小值

8. 下列哪些情况平均数的结果不受影响？（　　　）

   A. 所有变量值都增加或减少 100 个单位

   B. 分组后各组频数相等

   C. 各组频数都扩大或缩减 1/5

   D. 各组频数都增加或减少 100 个单位

   E. 所有变量值都扩大或缩减 1/5

9. 下列哪些情况方差的结果不受影响？（　　　）

   A. 所有变量值都增加或减少 100 个单位

   B. 分组后各组频数相等

   C. 各组频数都增加或减少 1/5

   D. 各组频数都增加或减少 100 个单位

   E. 所有变量值都扩大或缩减 1/5

10. 下列哪些情况适合用众数来说明集中趋势？（　　　）

   A. 成衣尺寸分布　　　　　　　B. 若干方案的民意分布

   C. 全国高校本科生的年龄分布　　D. 人口死亡率的年龄分布

   E. 城镇居民家庭财产分布

五、简答题

1. 什么是变量分布的集中趋势？该如何反映？

2. 什么是变量分布的离中趋势？该如何反映？

3. 什么是变量分布的形状？该如何反映？

4. 什么是平均指标？有什么作用？

5. 常用的平均数有哪些？分别有什么特点与作用？

6. 如何理解加权平均数中权数的意义？试举例说明。

7. 在实际应用中，调和平均数与算术平均数有什么联系？

8. 从数学上看，算术平均数、几何平均数和调和平均数三者有什么关系？

9. 如何正确应用几何平均数？

10. 什么是中位数？有什么特点？试举例说明其应用。

11. 什么是众数？有什么特点？试举例说明其应用。

12. 算术平均数、中位数和众数三者的数量关系如何？分别说明什么样的变量分布特征？

13. 什么是离散指标？有什么作用？

14. 常用的离散指标有哪些？分别有什么不同的特点？

15. 什么是方差和标准差？有哪些性质？

16. 什么是形状指标？有什么作用？

17. 什么是动差？有哪两种表现类型？

18. 算术平均数与强度相对数有什么区别？

19. 算术平均数有哪些数学性质？有哪些局限性？

20. 全距有什么缺点？有什么作用？

六、计算题

1. 某司机开车从 A 地到 B 地的时速是 100 千米/小时，从 B 地返回 A 地的时速是 120 千米/小时，问平均时速是多少？

2. 菜场上某鱼摊大鲫鱼每条约重 0.4 千克，售价为 20 元/千克，小鲫鱼每条约重 0.25 千克，售价为 12 元/千克。某顾客向摊主提出大、小鲫鱼各买一条，一起称重，价格为 16 元/千克，摊主应允。这次买卖谁占了便宜？为什么？

3. 市场上有三款大米，价格分别是 16 元/千克、12 元/千克和 8 元/千克，问每款都购买 3 千克和每款都购买 40 元，其平均价格有什么区别？试通过计算加以说明。

4. 有甲、乙两位车手进行场地赛，各跑 50 圈。甲以 230 千米/小时的速度跑了 15 圈，以 250 千米/小时的速度跑了 25 圈，以 270 千米/小时的速度跑了 10 圈；乙以 245 千米/小时的速度跑了 20 圈，以 250 千米/小时的速度跑了 20 圈，以 265 千米/小时的速度跑了 10 圈。谁跑得更快一些？

5. 某公司 27 家企业的资金利润率分组数据和各组年利润额数据如下表所示：

按资金利润率分组（%）	企业数	年利润额（万元）
8 以下	2	300
8~12	6	1 000
12~16	12	2 600
16~20	5	1 200
20 以上	2	400
合计	27	5 500

要求：

（1）计算平均每个企业的利润额。

（2）计算全公司的平均资金利润率（分别用绝对数权数和相对数权数）。

6. 某企业三个车间生产同一种产品，某月的人均产量与总产量情况如下所示：

车间	人均产量（件/人）	总产量（件）
A	100	3 600
B	105	4 200
C	110	2 750
合计		10 550

要求：

（1）计算该企业该月平均每个车间的总产量，并说明这属于什么平均数。

（2）计算该企业该月的人均产量，并说明这属于什么平均数。

7. 某年三个同类企业的销售利润率与利润额数据如下表所示：

企业	销售利润率（%）	利润额（万元）
A	10	5 100
B	12	8 500
C	15	7 650
合计		21 250

计算三个企业的平均销售利润率。

8. 某公司某年 50 个门店的流通费用率分组数据与各组流通费用额比重如下表所示：

按流通费用率分组（%）	企业数	流通费用额比重（%）
6 以下	2	15
6～8	10	25
8～10	22	40
10～12	12	15
12 以上	4	5
合计	50	100

计算该公司平均的流通费用率。

9. 某产品生产需经过 25 道连续的工序，现已知有 8 道工序的合格率为 99%，4 道工序的合格率为 98%，6 道工序的合格率为 97%，4 道工序的合格率为 96%，3 道工序的合格率为 95%，问平均合格率是多少？

10. 某年某企业 3 个车间的产品生产情况如下表所示：

车间	合格率（%）	合格品产量（辆）	年生产工时数（小时）
A	98	19 600	6 800
B	95	18 620	7 200
C	99	18 434	8 000
合计		56 654	22 000

要求：

（1）若 3 个车间依次完成整辆产品某一工序的加工装配任务，全厂总的合格率、平均合格率和平均废品率分别是多少？

（2）若 3 个车间分别独自完成整辆产品的生产加工过程，则全厂总的合格率、平均合格率和平均废品率分别是多少？

（3）若 3 个车间生产的产品不同（使用价值不同），则全厂总的合格率、平均合格率和平均废品率又分别是多少？

11. 甲班某次数学考试成绩如下表所示：

考试成绩（分）	学生人数
60 以下	2
60～70	8
70～80	22
80～90	10
90 以上	4
合计	46

要求：

（1）计算考试成绩的算术平均数、四分位数和众数。

（2）计算考试成绩的全距、平均差、四分位差、异众比率、方差和标准差。

（3）计算考试成绩分布的偏度系数 $S_k^{(1)}$、$S_k^{(2)}$ 和 $S_k^{(3)}$，并说明分布偏态情况。

（4）计算考试成绩分布的峰度系数，并说明分布的尖陡情况。

（5）如果乙班考试成绩的算术平均数为 80 分，标准差为 10 分，那么哪个班级的平均成绩更有代表性？

12. 某变量分布属于轻微偏态分布。若已知算术平均数为 60，众数为 65，问中位数大概是多少？是正偏还是负偏？

13. 某中学欲为初一 800 名新男生每人定制校服一套，小号、中号和大号三款分别适合身高 162cm 以下，162～168cm 和 168cm 以上的同学。根据以往数据知，初一男生的平均身高为 165cm，标准差为 3cm，问各款校服大概应分别准备多少套？

14. 某班级 A、B、C 三门课程期末考试的平均成绩分别为 80 分、85 分和 88 分，标准差分别为 8 分、4 分和 7 分。甲、乙、丙三位同学该三门课程的考试成绩如下所示：

同学＼课程	A	B	C
甲	77	91	89
乙	89	86	82
丙	69	93	95

这三位同学的总分虽然都是 257 分，但实际上谁更具有竞争优势？

15. 根据已知条件推算以下各题：

（1）若变量的算术平均数是标准差的 30 倍，问标准差系数是多少？

（2）若变量的算术平均数是 20，变量平方的平均数是 425，问变量的方差和标准差分别是多少？

（3）若变量的算术平均数是 100，标准差系数是 15%，问方差是多少？

（4）一批产品共 200 件，发现有 18 件不合格，问合格率及相应的方差分别是多少？

第四章
抽样估计

🌀 本章要点

1. 总体分布是指总体中所有个体关于某个变量（标志）的取值所形成的分布。反映总体分布特征的指标称为总体参数，常用的有总体均值、总体成数和总体方差；样本分布是指样本中所有个体关于某个变量（标志）的取值所形成的分布。反映样本分布特征的指标称为样本统计量，常用的有样本均值、样本成数和样本方差。抽样分布是指样本统计量的概率分布，它由样本统计量的所有可能取值和与之对应的概率所组成。如果说样本分布是关于样本观测值的分布，那么抽样分布则是关于样本统计值的分布，而样本统计值是由样本观测值计算而来的。反映抽样分布特征的是样本统计量的数学期望与方差，具体特征取决于总体分布、样本容量、抽样方法、抽样组织形式和估计量构造等因素。

2. 在抽样中，总体参数的值是唯一但未知的，需要通过可知但非唯一的样本统计值来估计。

3. 根据样本均值、样本成数抽样分布定理可知，正态分布是最常用、最重要的抽样分布，是进行区间估计的重要依据。

4. 抽样中的误差可以分为随机性的抽样误差和随机性因素以外的非抽样误差两种。由于抽样的非全面性和随机性所引起的偶然性的代表性误差，我们称之为抽样误差。由于抽样框不够准确（与目标总体不一致）、有些观测单位的数据无法取得、已取得的一些数据不真实等原因引起的样本观测数据非同质、残缺或不真实而产生的误差，称为非抽样误差。

5. 抽样误差的表现形式有三种：抽样实际误差、抽样标准误和抽样极限误差。抽样实际误差是指抽样估计值与总体指标值之间的离差，是随机变量；抽样标准误是抽样分布的标准差；抽样极限误差是以样本估计总体所允许的最大误差范围，是在一次抽样估计时抽样估计量所允许取的最高值或最低值与总体指标之间的绝对离差，取决于抽样标准误和概率保证程度两个因素。

6．抽样标准误是衡量抽样误差大小的核心指标，可以反映抽样分布的离散程度，反映样本统计量代表性的高低。抽样标准误越大（小），表明抽样分布越离散（集中），从总体中抽取样本的代表性平均来讲就越差（好），抽取样本估计总体的误差平均来讲就越大（小）。从理论上说，抽样标准误的值是唯一确定的，但由于实际上要依据样本数据来估计，所以又是可变的。

7．抽样极限误差取决于两个因素：一是抽样标准误，即抽样分布本身具有多大的标准差；二是抽样估计概率保证程度，也称为置信水平。与概率保证程度相应的抽样分布的临界值称为抽样概率度。抽样极限误差是抽样标准误和抽样概率的乘积。

8．估计量就是以样本统计量为基础构造的，用以估计总体参数的规则或形式。从估计量的构造是否利用调查变量本身以外的信息上看，估计量有直接估计量与间接估计量之分。直接估计量仅利用样本提供的关于调查变量本身的信息，此时估计量就是样本统计量。而间接估计量除了利用样本提供的关于调查变量本身的信息外，还利用与调查变量相关的辅助变量的信息（总体的和样本的），如比率估计量和回归估计量等，此时估计量就是样本统计量的改造形式。优良估计量有四个标准：无偏性、一致性、有效性和充分性。

9．所谓区间估计，就是以点估计为依据，用一个具有一定可靠程度的区间范围来估计总体参数，也就是要在一定的概率保证下，想办法找出两个数值 θ_1 和 θ_2（$\theta_1 \leqslant \theta_2$），使 θ 处于这两个数值之间。区间（θ_1，θ_2）就被称为置信区间或估计区间，θ_1 被称为置信区间的下限，θ_2 被称为置信区间的上限。

10．各种抽样组织形式的抽样标准误的公式是不同的，结果也不一样，但区间估计的原理相同。在样本容量相同时，抽样标准误较小的组织形式较优。

一、填空题

1. 抽样估计是以_____去估计未知的_____。

2. _____是总体中所有个体关于某个变量的取值所形成的分布，反映其基本特征的指标叫_____，常用的有两个，即_____和_____。

3. _____是样本中所有个体关于某个变量的取值所形成的分布，反映其基本特征的指标叫_____，常用的也有两个，即_____和_____。

4. 抽样分布就是_____，它由_____和_____所组成。其影响因素包括_____、_____、_____、_____和_____。

5. 抽样分布的数学期望和方差分别表示为_____和_____。

6. _____是最重要和最常用的抽样分布。

7. 抽样中的总误差可以分为两类：_____和_____，其中_____的表现形式有_____、_____和_____。

8. 抽样极限误差取决于两个因素：_____和_____。

9. 评价估计量好坏的标准有_____、_____、_____和_____。

10. 参数估计的两种方法是_____和_____。

11. 比较各种抽样组织形式，一般地，_____的估计效果最好，_____次之，第三是_____，第四是_____，最后是_____。

12. 参数估计后，要进行_____检查。

13. 区间估计的两个基本要求是_____和_____。

二、判断题

1. 抽样估计的目的是说明样本的数量特征。

2. 对于同一总体，任何变量的分布都是相同的。

3. 抽样分布就是样本分布。

4. 样本分布是一种经验分布，随着容量的扩大而趋近于总体分布。

5. 反映样本分布特征的样本统计值是可知的，且是唯一的。

6. 对于既定总体，当抽样方法、抽样组织形式和样本容量确定时，样本均值的分布就唯一确定。

7. 抽样分布是研究总体分布与样本分布关系的桥梁。

8. 抽样方法是决定抽样分布的最关键因素。

9. 样本容量就是样本个数。

10. 在抽样中，样本容量越大越好。

11. 在采用间接估计量时，样本统计量分布就变成了估计量分布。

12. 抽样分布的方差越小，说明抽样估计的效果越好。

13. 不论是二项分布还是超几何分布，其极限形式都是正态分布。

14. 抽样的目的是判断样本估计值是否处于以总体指标为中心的某规定区域范围内。

15. 当估计量有偏时，我们应该弃之不用。

16. 对于一个确定的抽样分布，其方差是确定的，因而抽样标准误也是确定的，所以在实际估计时，抽样标准误都是不变的。

17. 抽样极限误差越大，用以包含总体参数的区间就越大，估计的把握程度也就越大，因此极限误差越大越好。

18. 在区间估计中，概率 $1-\alpha$ 是指所有可能样本所给出的估计区间中包含总体参数在内的估计区间出现的频率。

19. 非抽样误差会随着样本容量的扩大而下降。

20. 抽样误差会随着样本容量的扩大而下降。

三、单项选择题

1. 我们想了解学生的眼睛视力状况，准备抽取若干学校、若干班级的学生进行测试，则（　　）。
   A. 观测单位是学校
   B. 观测单位是班级
   C. 观测单位是学生
   D. 观测单位可以是学校，也可以是班级或学生

2. 样本统计量的值是（　　）。
   A. 唯一但不可知的　　　　　　　　　　B. 可知但非唯一的

  C. 唯一且可知的   D. 非唯一也不可知的

3. 总体参数的值通常是（　　　）。

  A. 唯一但未知的   B. 可知但非唯一的

  C. 唯一且可知的   D. 非唯一也不可知的

4. 总误差、抽样误差和非抽样误差三者的关系是（　　　）。

  A. 总误差=抽样误差+非抽样误差

  B. 总误差 ^{2}=抽样误差 ^{2}+非抽样误差 ^{2}

  C. 总误差 ^{2}=抽样误差 ^{2}+代表性误差 ^{2}

  D. 总误差 ^{2}=抽样误差 ^{2}+偶然性误差 ^{2}

5. 下列误差中属于非一致性的有（　　　）。

  A. 估计量偏差 B. 偶然性误差   C. 抽样标准误   D. 非抽样误差

6. 抽样估计中最常用的分布理论是（　　　）。

  A. t 分布理论   B. 二项分布理论

  C. 正态分布理论   D. 超几何分布理论

7. 若随着样本容量的增大，估计量与总体参数之差的绝对值小于任意小正数的可能性越来越大，则该估计量符合（　　　）的要求。

  A. 无偏性   B. 一致性   C. 有效性   D. 充分性

8. 抽样标准误大小与下列哪个因素无关？（　　　）

  A. 样本容量   B. 抽样方式、方法 C. 概率保证程度 D. 估计量

9. 下列关于抽样标准误的叙述哪个是错误的？（　　　）

  A. 抽样标准误是抽样分布的标准差

  B. 抽样标准误的理论值是唯一的，与所抽样本无关

  C. 抽样标准误比抽样极限误差小

  D. 抽样标准误只能衡量抽样中的偶然性误差的大小

10. 在抽样调查时，若有意选择所偏好的个体，则会产生（　　　）。

  A. 登记性误差 B. 调查性误差   C. 系统性误差 D. 偶然性误差

11. 在纯随机重复抽样下，样本均值分布的标准差（抽样标准误）是（　　　）。

  A. $\dfrac{S^2}{\sqrt{n}}$ B. $\dfrac{S}{\sqrt{n}}$ C. $\dfrac{S}{n}$ D. $\dfrac{\sqrt{S}}{\sqrt{n}}$

12. 在纯随机重复抽样下，若抽样极限误差比原来的缩小一半，则样本容量扩大为原来的（　　　）。

  A. 1 倍   B. 2 倍   C. 3 倍   D. 4 倍

四、多项选择题

1. 影响抽样误差大小的因素有（　　　）。
    A. 总体分布　　　　B. 样本容量　　　　C. 抽样方法
    D. 抽样组织形式　　E. 估计量构造

2. 影响样本容量大小的因素有（　　　）
    A. 总体分布　　　　　　　　　　　B. 对抽样精度的要求
    C. 抽样方法和抽样组织形式　　　　D. 调查经费
    E. 对可靠程度的要求

3. 抽样标准误（　　　）。
    A. 在理论上是唯一确定的　　　　　B. 是反映抽样估计效果的关键指标
    C. 主要取决于样本容量　　　　　　D. 取决于抽样方法和抽样组织形式
    E. 实际上需根据样本加以估计

4. 抽样极限误差、抽样标准误和抽样概率度三者的关系是（　　　）。
    A. 抽样极限误差一定大于抽样标准误
    B. 抽样极限误差与抽样标准误成正比
    C. 抽样极限误差与抽样概率度成正比
    D. 抽样标准误与抽样概率度成正比
    E. 抽样标准误与抽样概率度成反比

5. 抽样误差的表现形式有（　　　）。
    A. 抽样实际误差　　B. 登记性误差　　　C. 抽样标准误
    D. 抽样极限误差　　E. 系统性误差

6. 抽样的参数估计方法一般有（　　　）。
    A. 点估计　　　　　B. 等比估计　　　　C. 区间估计　　　　D. 非线性估计
    E. 等差估计

7. 常用的抽样分布定理有（　　　）。
    A. 正态分布再生定理　　　　　　　B. 中心极限定理
    C. 二项分布定理　　　　　　　　　D. t 分布定理
    E. 超几何分布定理

五、简答题

1. 什么是总体分布？有什么特征？

2. 如何理解样本分布？

3. 什么是抽样分布？为什么说它是研究总体分布与样本分布关系的桥梁？

4. 抽样分布受哪些因素影响？

5. 什么是中心极限定理？

6. 什么是二项分布和超几何分布？

7. 如何理解抽样实际误差？

8. 如何理解抽样标准误？

9. 如何理解抽样极限误差？

10. 试举例说明抽样实际误差、抽样标准误和抽样极限误差三者之间的区别与联系。

11. 抽样误差与非抽样误差有什么区别？试举例说明。

12. 如何理解抽样极限误差、抽样标准误和抽样概率度三者的关系？

13. 什么是区间估计？举例说明。

14. 在抽样估计中，如何理解概率保证程度 $1-\alpha$ 的意义？

15. 在设计抽样方案时，该如何确定样本容量？

16. 该如何评价抽样方案的优劣？

六、计算题

1. 设总体由 1、3、5、7、9 五个数字组成，现从中用简单随机抽样形式（不重复抽样）抽取三个数字构成样本。

   要求：

   （1）列出样本均值的抽样分布。

   （2）计算样本均值抽样分布的期望与方差。

   （3）计算抽样标准误。

   （4）计算概率保证程度为 95% 时的抽样极限误差。

   （5）若抽中的三个数字是 1、7、9，求 95% 概率保证的总体均值的置信区间。

2. 设总体中有 12 张卡片，其中红色卡片 7 张。现从总体中随机抽取 4 张卡片构成样本，分别求重复抽样和不重复抽样时样本中红色卡片比例的抽样分布。

3. 为调查某中学学生每月电信消费支出水平，在全校 1 750 名学生中，用不重复简单随机抽样形式抽取一个容量为 30 的样本。经调查，每个抽中学生上个月的电信消费支出金额如下表所示：

30 名学生某月电信消费支出金额的样本数据

样本序号	支出额（元）	样本序号	支出额（元）	样本序号	支出额（元）
1	85	11	20	21	49
2	62	12	75	22	45
3	42	13	34	23	95
4	15	14	41	24	36
5	50	15	58	25	25
6	39	16	63	26	45
7	83	17	95	27	128
8	65	18	120	28	45
9	32	19	19	29	29
10	46	20	57	30	84

要求：

（1）以 95%的概率保证程度估计该校学生该月平均电信消费支出额。

（2）以同样的概率保证程度估计该校学生该月电信消费支出额超出 70 元的人数。

（3）在以 95%的概率保证程度估计该校学生该月电信消费支出额超出 70 元的人数比例时，若要求抽样极限误差不超过 10%，所需的样本量应该多大？

4. 某保险公司欲对某地区家庭拥有私人汽车的情况进行调查，该地区拥有 20 万户家庭，在全体居民中按简单随机抽样方法抽出 70 户家庭，调查后发现其中 8 户家庭拥有私人汽车。

要求：

（1）试估计该地区拥有私人汽车的家庭比例并给出抽样标准误。

（2）在以 95%的概率保证程度要求估计的极限误差不超过 5%时，计算所需的样本量。

5. 某地要调查甲、乙两种疾病的发病率。从历史资料得知，甲种疾病的发病率为 8%，乙种病的发病率为 5%。

要求：

（1）如果两种疾病发病率的估计具有相同的抽样标准误 0.05，那么在采用简单随机抽样时各需要多大的样本量？

（2）如果一个样本同时满足两种疾病发病率估计的需要，最终样本量为多少？

6. 某学院 4 个专业的新生举行元旦晚会，组织者为了活跃气氛，欲在 200 名学生中抽出 10 名作为"幸运星"，为了以示公平，要求每位学生被抽中的概率相同。组织者知道利用简单随机抽样的方法可以满足要求，你能否帮助组织者再设计几种方案？

7. 某居委会辖有三个居民新村，居委会欲对居民购买彩票的情况进行调查。调查者考虑以新村分层，在每个新村中随机抽取了 10 个居民户并调查每户最近一个月购买彩票花费的金额（元），结果如下表所示：

新村	居民户数	1	2	3	4	5	6	7	8	9	10
1	256	10	10	2	0	20	10	0	10	30	20
2	420	20	35	10	50	0	40	50	10	20	20
3	168	0	20	0	30	90	50	40	0	30	0

要求：

（1）估计该小区居民户购买彩票的平均支出，并给出抽样标准误。

（2）当概率保证程度为 95%，要求极限误差不超过 6 元时，计算按比例分配和 Neyman 分配的样本量及各层的样本量。

8. 随着经济发展，某市居民正在悄悄改变过年的习惯，虽然仍有大多数居民除夕夜在家吃年夜饭、看电视节目，但也有些家庭到饭店吃年夜饭，或逛夜市，或利用过年的假期到外地旅游。为研究这种现象，某研究机构以市中心 165 万居民户作为研究对象，将居民户按 6 个行政区分层，在每个行政区随机抽出 30 户居民户进行了调查（各层抽样比可以忽略），每个行政区的情况以及在家吃年夜饭、看电视节目的居民户比例如下表所示：

行政区（h）	居民户比例（W_h）	在家居民户（n_h）
1	0.18	27
2	0.21	28
3	0.14	27
4	0.09	26
5	0.16	28
6	0.22	29

要求：

（1）估计该市居民在家吃年夜饭的比例，并给出抽样标准误。

（2）当概率保证程度为 95%，要求极限误差不超过 1%时，计算按比例分配和 Neyman 分配的总样本量及各层的样本量。

9. 某单位欲估计职工的离职意愿，聘请了专业公司来进行调研，公司人员按高级职称、中级职称和初级职称分为三层，已知层权分别为 0.2、0.3、0.5。预先猜测各层的总体比例为 0.1、0.2、0.4，如果采用按比例分配的分层抽样，要求抽样标准误与样本量为 100 的简单随机样本相当，则样本量应为多少（不考虑有限总体校正系数）？

10. 某灯泡厂每天生产灯泡 2 000 盒，每盒 10 只，现随机抽取 8 盒，测试耐用时数，结果如下：

样本	耐用时数									
1	1 036	1 075	1 125	995	1 088	1 065	1 023	988	1 002	994
2	1 047	1 126	1 183	1 058	1 142	1 098	945	968	1 036	987
3	1 046	1 153	1 087	984	1 224	998	1 032	976	1 103	958
4	1 153	1 078	1 039	1 006	1 214	1 076	986	994	1 048	1 126
5	1 216	1 094	1 096	1 035	1 004	1 053	1 004	1 122	1 080	1 152
6	964	1 136	1 185	1 021	1 007	948	1 024	975	1 083	994
7	1 113	1 093	1 005	1 088	997	1 034	985	997	1 005	1 120
8	1 047	1 097	1 136	989	1 073	1 102	976	984	1 004	1 082

要求：

（1）以每盒灯泡为群实施整群抽样，估计灯泡平均耐用时数及抽样标准误。

（2）如果将以上数据视为从 20 000 个灯泡中按简单随机抽样直接抽取的，估计平均耐用时数及其抽样标准误，并与整群抽样结果进行比较。

11. 某高校学生会欲对全校女生拍摄过个人艺术照的比例进行调查。全校共有女生宿舍 1 000 间，每间住 6 位同学。学生会的同学运用两阶段抽样设计了抽样方案，从 1 000 间宿舍中随机抽取了 10 间样本宿舍，在每间样本宿舍中随机抽取了 3 位同学分别进行单独访问，调查结果如下：

样本宿舍	拍照人数	样本宿舍	拍照人数
1	2	6	1
2	0	7	0
3	1	8	1
4	2	9	1
5	1	10	0

试估计拍摄过个人艺术照的女生的比例，并给出具有 95%概率保证程度的置信区间。

12. 在一项植物病害的研究中，植物生长在 160 个小地块上，每个小地块有 9 株植物。随机抽取 40 个小地块，再从每个被抽中的小地块中抽取 3 株植物，考察它们是否有病害。结果发现 22 个小地块上没有病害植物（从被抽取的 3 株植物来看），11 个小地块上各有 1 株有病害的植物，4 个小地块上各有 2 株有病害的植物，3 个小地块上各有 3 株有病害的植物。试以 90%的可靠程度估计有病害的植物的比例。

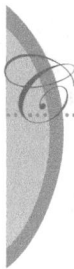

第五章
假设检验

⚙ 本章要点

1. 假设检验，也叫显著性检验，就是事先对总体参数或总体分布形态做出一个规定或假设，然后利用样本提供的信息，以一定的概率来检验假设是否成立（或是否合理），或者说判断总体的真实情况是否与原假设存在显著的系统性差异。

2. 根据检验的目的不同，假设检验可以分为双侧检验和单侧检验两类。双侧检验是指同时注意总体参数估计值与其假设值相比偏高和偏低倾向的检验（或同时注意某一总体的参数估计值与另一总体的参数估计值相比偏高和偏低倾向的检验），检验只是为了判断总体参数值是否与某一假设值有显著差异，而不管这种差异是正差还是负差。单侧检验是指只注意总体参数估计值比其假设值偏高或偏低倾向的检验（或只注意某一总体的参数估计值与另一总体的参数估计值相比偏高或偏低倾向的检验），它是单方向的，检验是为了判断总体参数值是否大于或小于某一假设的值。单侧检验又分为左单侧检验和右单侧检验。

3. 要进行假设检验，必须设立原假设和备择假设。原假设也称零假设或虚无假设，是研究者对总体参数值事先提出的假设，是被检验的假设。备择假设也称对立假设，是研究者通过检验希望能够成立的假设，是当原假设不成立时供选择的假设。

4. 原假设与备择假设是互相排斥的，两者中有且只有一个正确。通常，总希望原假设能被推翻而备择假设能被接受，但倘若没有足够充分的依据证明原假设是错误的，就不能轻易推翻原假设。

5. 我们不是根据样本的结果去判断原假设与备择假设哪一个更有可能正确，这两个假设不能同等看待。做出接受原假设这个判断，只是认为否定的根据还不充分，而不是认为它必然正确。因此，一方面原假设受到保护而不被轻易否定，使它处于有利地位；另一方面当原假设被接受时，又认为它不一定正确。

6．进行假设检验，概率论中关于小概率事件在一次试验中是不可能事件的原则，是其所要遵循的基本原则。所谓的小概率也称为显著性水平，用 α 表示，通常取 0.05 或 0.01，有时也取 0.10，把概率小于上述值的事件称为小概率事件。α 越大，样本统计值与总体参数假设值之间的差异成为显著性差异的可能性越大；α 越小，这种差异成为显著性差异的可能性越小。

7．接受或拒绝原假设，最终要以显著性水平为依据确定评判的规则。评判规则有两种：临界值规则和 P-值规则。所谓临界值规则，就是先把 α 值转化为一定分布下的临界值，然后计算检验统计值，最后把检验统计值与临界值相比较来判断是否拒绝原假设。所谓 P-值规则，就是先计算检验统计值 Z，然后求出统计量分布曲线图中与检验统计值相对应的，称之为观测到的显著性水平 P-值，最后把 P-值与事先给定的显著性水平 α 值相比较来判断是否拒绝原假设。临界值规则与 P-值规则是等价的，它们都取决于四个因素：样本数据与原假设值之间的差距、样本容量、总体分布标准差和给定的显著性水平。

8．常见的假设检验有：关于总体均值（或总体成数、总体方差等）等于（或大于、小于）某一数值，两总体均值（或两总体成数、两总体方差）相等的检验。

9．在假设检验中可能犯两类错误：第一类错误是"以真为假"的错误，即原假设正确但却被拒绝的错误，也称为"弃真"错误，又称为 α 错误；第二类错误是"以假为真"的错误，即原假设不正确却被接受的错误，也称为"纳伪"错误，又称为 β 错误。α 变小，β 就增大；而要使 β 变小，就必然使 α 增大。因此在样本容量 n 固定时，要同时使 α 与 β 都达到最小是不可能的。基本原则是：在控制犯第一类错误的概率 α 的条件下，使犯第二类错误的概率 β 尽量小。一般地，将关系重大的错误（主要应避免的错误）列为 α，并尽量取较小的值，目的是保护原假设，使它不轻易被否定。

10．概率 $1-\beta$ 就称为假设检验的功效。$1-\beta$ 越接近 1，说明检验功效越好；$1-\beta$ 越接近零，说明检验功效越差。

一、填空题

1. 假设检验也叫＿＿＿＿＿＿＿＿＿＿，是统计推断的基本内容之一。它事先对＿＿＿＿＿＿＿＿＿＿或＿＿＿＿＿＿＿＿＿做出一个规定或假设，然后利用＿＿＿＿＿＿＿＿提供的信息，以一定的＿＿＿＿＿＿＿＿来检验假设是否成立，或者判断总体的真实情况是否与＿＿＿＿＿＿＿＿存在显著的＿＿＿＿＿＿＿＿。

2. 常见的假设检验有＿＿＿＿＿＿＿＿、＿＿＿＿＿＿＿＿、＿＿＿＿＿＿＿＿、＿＿＿＿＿＿＿＿等。

3. 根据检验的目的不同，假设检验可以分为＿＿＿＿＿＿＿＿和＿＿＿＿＿＿＿＿两类。

4. 要进行假设检验，必须设立＿＿＿＿＿＿＿＿和＿＿＿＿＿＿＿＿。

5. 接受或拒绝原假设，最终要以＿＿＿＿＿＿＿＿为依据确定评判的规则。评判规则有两种：＿＿＿＿＿＿＿＿和＿＿＿＿＿＿＿＿，它们是等价的，都取决于＿＿＿＿＿＿＿＿、＿＿＿＿＿＿＿＿、＿＿＿＿＿＿＿＿和＿＿＿＿＿＿＿＿这四个因素。

6. 假设检验可能存在两类错误，第一类是＿＿＿＿＿＿＿＿的错误，也称为＿＿＿＿＿＿＿＿错误或＿＿＿＿＿＿＿＿错误；第二类错误是＿＿＿＿＿＿＿＿的错误，也称为＿＿＿＿＿＿＿＿错误或＿＿＿＿＿＿＿＿错误。

7. ＿＿＿＿＿＿＿＿称为假设检验功效，它越接近于＿＿＿＿＿＿＿＿表示假设检验功效越好，它越接近于＿＿＿＿＿＿＿＿表示假设检验功效越差。

8. 假设检验控制两类错误的基本原则是，在控制＿＿＿＿＿＿＿＿的前提下，使＿＿＿＿＿＿＿＿。

二、判断题

1. 假设检验就是关于样本分布特征的某种论断。（　　　）

2. 假设检验的目的就是希望有充分的依据去推翻原假设。（　　　）

3. 假设检验的目的是判断原假设与备择假设哪一个更准确。（　　　）

4. 假设检验的实质就是保护原假设，不轻易否定原假设。（　　　）

5. 备择假设是希望能够成立的假设。（　　　）

6. 所谓的小概率事件是相对的，与事先规定的显著性水平有直接的关系。（　　　）

7. 如果检验统计值的绝对值小于临界值的绝对值，就接受原假设，也就是说当 P-值

小于 α（或 $\alpha\!\!\!\big/_2$）时，要接受原假设。（　　）

8. 如果我们不能拒绝原假设，也不能说明原假设一定正确。（　　）

9. 如果在双侧检验中原假设成立，那么在单侧检验中原假设也一定成立。（　　）

10. 假设检验的第一类错误是"以假为真"的错误，而第二类错误是"以真为假"的错误。（　　）

11. 假设值与实际值之间的差距越大，犯第二类错误的概率也越大。（　　）

12. 在样本容量既定时，β 越大，α 越小，假设检验的功效越大。（　　）

13. 如果样本值与假设值之间的差异是由随机性因素引起的，那么在一次抽样中样本值与假设值之间的显著差异就不会产生。（　　）

14. 备择假设的表达式中一定含有等号，即等号不能在原假设中。（　　）

15. 假设检验的评判规则有两种：临界值规则与 P-值规则，它们是不等价的。（　　）

三、单项选择题

1. 某种产品的使用者要求厂商提供的产品其平均使用寿命不得低于 1 000 小时，否则拒收。

（1）使用者在决定是否接受某批产品而进行抽样检验时，应建立的原假设是（　　）。

A. H_0：$\bar{X} \geqslant 1\,000$　　　　　　　　B. H_0：$\bar{X} = 1\,000$

C. H_0：$\bar{X} \leqslant 1\,000$　　　　　　　　D. H_0：$\bar{X} < 1\,000$

（2）在检验中，标准正态分布（或 t 分布）区域被分为接受与拒绝原假设的两个区域，本检验问题的拒绝域处于接受域的（　　）。

A. 左侧　　　　　B. 右侧　　　　　C. 两侧　　　　　D. 内侧

（3）在本检验问题中，如果规定显著性水平为 0.05，那么作为判断标准的临界值是（　　）。

A. 1.96　　　　B. 1.64　　　　C. -1.64　　　　D. ±1.64

（4）如果某批次产品的实际平均使用寿命为 1 115 小时，但检验统计值为 1.5，那么就（　　）。

A. 接受了正确的原假设　　　　　　　B. 拒绝了正确的原假设

C. 犯了纳伪错误　　　　　　　　　　D. 犯了弃真错误

（5）如果使用者偏重于担心出现纳伪错误而造成的损失，那么应把显著性水平定得（　　）。

A. 大一些　　　　B. 小一些　　　　C. 大小无所谓　　　D. 无法决定

2. 在右侧检验中，若计算出的 P-值为 0.052，则在显著性水平 $\alpha=0.05$ 的情况下，我们应该（　　）。

    A. 接受 H_0：$\theta = \theta_0$ B. 接受 H_1：$\theta > \theta_0$

    C. 接受 H_1：$\theta < \theta_0$ D. 无法决定

3. 在右侧检验中，P-值是当原假设成立时，样本观测结果（　　）总体实际结果的概率。

    A. 不高于   B. 不低于   C. 等于   D. 高于

4. 若计算得到 $P(\bar{x} \geqslant 1345) = 0.067$，那么在 H_0：$\bar{X} = 1300$，H_1：$\bar{X} > 1300$ 的假设下，（　　）成立。

    A. 若 $\alpha=0.05$，则接受 H_0 B. 若 $\alpha=0.05$，则接受 H_1

    C. 若 $\alpha=0.10$，则接受 H_0 D. 若 $\alpha=0.10$，则拒绝 H_1

5. 下列哪种情况属于犯了第二类错误?（　　）

    A. H_0 为真，接受 H_1 B. H_0 不真，接受 H_0

    C. H_0 为真，拒绝 H_1 D. H_0 不真，拒绝 H_0

6. 在假设检验中，α 表示（　　）的概率。

    A. H_0 为真，接受 H_1 B. H_0 不真，接受 H_0

    C. H_0 为真，拒绝 H_1 D. H_0 不真，拒绝 H_0

四、多项选择题

1. 关于假设检验，以下表述正确的有（　　）。

    A. 目的是验证关于总体特征的事先猜测

    B. 依据是样本信息

    C. 路径是判断事先猜测与真实情况是否存在系统性偏差

    D. 以一定的概率为保证

    E. 双侧检验与单侧检验的效果相同

2. 关于原假设与备择假设，下列表述正确的有（　　）。

    A. 原假设与备择假设只能有一个正确

    B. 原假设是希望被肯定的假设

    C. 备择假设是希望能成立的假设

    D. 原假设不轻易被否定

    E. 原假设一旦被接受，它就一定正确

3. 假设检验的评判规则取决于哪些因素？（　　）

    A. 样本统计值与原假设值之间的差距　　　B. 样本容量大小

    C. 总体方差或标准差　　　D. 显著性水平

    E. 临界值法还是 P-值法

4. 假设检验的基本步骤包括（　　）。

    A. 提出原假设与备择假设　　　B. 确定显著性水平

    C. 根据抽样分布确定接受域与拒绝域　　　D. 计算检验统计值

    E. 做出接受或拒绝原假设的判断

5. 关于假设检验的两类错误，以下表述正确的有（　　）。

    A. α 错误是弃真错误，β 错误是纳伪错误

    B. α 错误是纳伪错误，β 错误是弃真错误

    C. 在样本容量既定的情况下，α 和 β 不能同时增大或减小

    D. 一般原则是，先控制 α，再使 β 尽量小

    E. $\alpha+\beta=1$

五、简答题

1. 什么是假设检验？基本原理如何？

2. 为什么要进行假设检验？试举例说明。

3. 什么是原假设和备择假设？如何看待两者的角色定位？试举例说明。

4. 假设检验有哪两种判断规则？如何进行两种规则的转换？

5. 假设检验的一般步骤如何？

6. 什么是双侧检验？试举例说明。

7. 什么是单侧检验？如何确定单侧检验的方向？试举例说明。

8. 拒绝原假设说明了什么问题？试联系显著性水平加以说明。

9. 什么是假设检验的两类错误？

10. 在假设检验中，α、β 分别代表什么含义？两者之间是何关系？

11. 什么是假设检验功效？如何理解其意义？

12. 假设检验与参数估计有什么异同点？

13. 假设检验存在什么不足之处？

14. 如何理解 P-值的意义？

15. 大数据背景下，假设检验面临怎样的挑战？

六、计算题

1. 某厂生产某种元件，规定厚度为 5mm。已知元件的厚度服从正态分布。现从某批产品中随机抽取 50 件，测得平均厚度为 4.91mm，标准差为 0.2mm，问在 0.05 的显著性水平下，该批元件的厚度是否符合规定的要求（分别用临界值规则和 P-值规则进行检验）？

2. 已知某品牌保健品某维生素含量服从正态分布 $N(5.2, 0.11^2)$。某天从生产的产品中随机抽查了 10 瓶，某维生素的平均含量为 5.02，问在 0.05 的显著性水平下，该天生产的保健品的某维生素含量是否处于产品质量控制状态？

3. 某鞋厂与外商签订的合同规定，皮鞋的优质率不得低于 95%。现从某批 20 000 双皮鞋中随机抽查 45 双，发现有 3 双没有达到优质的标准，问在 0.05 的显著性水平下，外商是否应该接受该批皮鞋？

4. 某体育学院男生 100 米跑的平均成绩为 12 秒，标准差为 0.3 秒。在采用一种新的教学训练方法 3 个月后，随机抽查 25 名男生进行测试，结果 100 米跑的平均成绩为 11.89 秒。在 0.05 的显著性水平下，是否可以认为新的教学训练方法已使男生 100 米跑的成绩明显提高了（分别用临界值规则和 P-值规则进行检验）？

5. 某研究机构猜测，至少 80% 的行人在过马路时曾有闯红灯、不走斑马线等违章行为。为了证实这一说法，随机询问了 200 名行人，结果有 146 人如实承认有过交通违章行为。问分别在 0.05、0.01 的显著性水平下，该研究机构的猜测是否成立？

6. 某品牌手机广告宣称某款手机的电板充足电后可连续待机 150 小时。电板待机时间服从正态分布。现检测 10 台该款手机，足电电板的待机时间（小时）分别为：143、145、148、151、155、156、156、158、160 和 161，问在 0.05 的显著性水平下该广告是否真实可信？

7. A、B 两厂生产同种材料，抗压强度服从正态分布，并且已知 $S_A = 63$，$S_B = 57$。从 A 厂生产的材料中随机抽取 81 件，测得平均抗压强度为每平方厘米 1 070 千克；从 B 厂生产的材料中随机抽取 64 件，测得平均抗压强度为每平方厘米 1 020 千克。问在 0.05 的显著性水平下，是否可以认为两厂生产的材料平均抗压强度没有显著差异？

8. 随机调查 339 名 50 岁以上的人，其中 205 名吸烟者中有 43 人患慢性支气管炎，134 名不吸烟者中有 13 人患慢性支气管炎。问在 0.05 的显著性水平下，调查数据能否支持"吸烟容易患慢性支气管炎"的观点（分别用临界值规则和 P-值规则进行检验）？

9. 有人说大学女生外语学习能力比男生强。现随机抽取 27 名男生和 23 名女生，经过 1 小时若干种外语的统一强化训练，进行了简单的百分制测试，结果女生平均成绩为 66 分，男生平均成绩为 63 分，全部测试学生成绩的标准差为 6 分。问在 0.05 的显著性水平下，你能得到什么结论？

10. 从某高校一年级男生中随机调查 10 名同学，他们的体重（千克）分别为：55、61、62、65、66、68、68、70、75 和 83。

   要求：

   （1）在 0.05 的显著性水平下，该校一年级男生体重的方差是否大于 55？

   （2）若随机调查 12 名二年级男生的体重方差为 65，问在同样的显著性水平下，两个年级的男生体重方差是否有差异？

11. 某产品设计使用寿命为 300 小时。已知产品使用寿命服从正态分布，标准差为 50 小时。现随机抽取 64 件产品进行检测，发现平均使用寿命为 290 小时。问在 0.05 的显著性水平下，双侧检验和单侧检验犯 β 类错误的概率分别为多少？检验功效分别为多少？

12. 在上题中，该厂后来进行了工艺改造，希望产品的使用寿命达到 315 小时。为了验证工艺改造效果，该厂拟进行一次抽样调查。建立假设为：H_0：$\bar{X} = 300$，H_1：$\bar{X} = 315$。规定：如果接受 H_0，可靠程度要达到 95%，如果接受 H_1，犯错误的概率应不超过 12%。问应抽取多少件产品进行检测？

七、综合分析题

   某市要了解小学六年级学生语文理解程度是否达到及格水平（60 分）。从全市所有六年级学生中随机抽取 400 名进行测试，平均成绩 61.6 分，标准差为 14.4 分。现拟根据样本数据对"该市小学六年级学生语文理解程度达到及格水平"这一论断进行显著性检验，显著性水平先后按 0.05 和 0.01 考虑。

   要求：

   （1）指出由样本数据观测到何种差异。

   （2）指出出现这种差异的两种可能原因。

   （3）针对这两种可能的原因提出相应的两种假设（原假设和备择假设），指出是单侧检验还是双侧检验，并说明为什么要采用单侧检验或者双侧检验。

   （4）构造检验统计量。

   （5）计算检验统计值。

   （6）确定临界值和观测到的显著性水平。

   （7）分别用两种规则判断"该市小学六年级学生语文理解程度达到及格水平"这一论断是否成立，回答是否得到了足以反对"观测到的差异纯属偶然性差异"这一论断的证据。为什么？

   （8）根据以上所做的工作，给出结论性的表述。

第六章

方差分析

本章要点

1. 方差分析是基于对观察数据的方差分解构造的一种线性因素分析模型。主要分析有关因素对观察指标的影响是否存在。无论是试验数据还是调查数据,都可以采用方差分析法进行研究。方差分析的原理也被应用于回归分析、实验设计等统计分支领域。

2. 方差分析具有广泛的应用领域,其基本思想就是从不同角度计算出有关的均值与方差,然后通过组内方差与组间方差的对比,在一定统计理论指导之下分析条件误差与随机误差,进而分解或判断出调查或试验观察数据中必然因素(因子)和偶然因素(随机)的影响大小(即统计意义上的显著性)。

3. 方差分析按影响因素多少,可分为单因素方差分析、双因素方差分析和多因素方差分析;按分析指标(观察结果)中的变量多少,可分为一元方差分析(即通常所说的 ANOVA)和多元方差分析(即 MANOVA)。从更加宽泛的角度看,方差分析还包括"协方差分析"和基于自由分布理论的非参数方差分析。

4. 单因素方差分析是把总变差平方和分解成为组间变差平方和与剩余变差平方和两部分。组间变差平方和反映了因素变化对观察指标的影响,其值越大,表示因素不同水平之下的观察结果差异越大,剩余变差平方和则反映了随机因素影响。因此,组间变差平方和与剩余变差平方和之间的比值大小是衡量研究因素各水平对观察指标影响程度大小的重要统计量。通过方差分析表,当统计量值 $F = \overline{S}_A^2 / \overline{S}_E^2$ 超过给定显著性水平之下的临界点,则认为因素 A 对观察指标的影响是显著的,如果把 A 因素每一个处理(水平)看作一个总体,则认为各总体在观察指标的平均水平上是存在显著差异的(不完全相同)。但必须注意的是,此时是假设各总体服从于具有相同的方差的正态分布。如果总体方差齐性的假设不成立，则需要另外构造统计量。

5. 双因素（因素 A 与因素 B）方差分析根据是否考虑交互作用划分为两种情况。如果不考虑交互作用，则总偏差平方和可分解为因素 A 的偏差平方和、因素 B 的偏差平方和及随机误差平方和。在正态性、等方差性、独立性等条件之下，可通过两个 F 统计量做假设检验，即 $F_A = \bar{S}_A^2 / \bar{S}_E^2$、$F_B = \bar{S}_B^2 / \bar{S}_E^2$ 分别检验 A 因素、B 因素各水平对观察指标的影响。如果考虑交互作用，则总偏差平方和可分解为因素 A 的偏差平方和、因素 B 的偏差平方和、交互因素的偏差平方和及随机误差平方和。这时可通过三个 F 统计量做假设检验，即 $F_A = \bar{S}_A^2 / \bar{S}_E^2$、$F_B = \bar{S}_B^2 / \bar{S}_E^2$、$F_{A \times B} = \bar{S}_{A \times B}^2 / \bar{S}_E^2$ 分别检验 A 因素、B 因素、AB 交互因素对观察指标的影响。

6. 方差分析思路还可以推广到多元情况，称为复方差分析（MANOVA）。基本思路与 ANOVA 类似。

一、填空题

1. 在方差分析中，待分析的指标称为＿＿＿＿＿＿＿或＿＿＿＿＿＿＿；调查或试验中需要考察的、可以控制的条件或影响因素称为＿＿＿＿＿＿或＿＿＿＿＿，也称＿＿＿＿＿＿＿；因素所处的不同状态称为＿＿＿＿＿＿＿。每个因素每一水平之下的调查结果或试验观察结果称为一个＿＿＿＿＿＿＿。

2. 方差分析按影响因素的多少，可分为＿＿＿＿＿＿＿、＿＿＿＿＿＿＿和＿＿＿＿＿＿＿；按分析指标（观察结果）中的变量多少，可分为＿＿＿＿＿＿和＿＿＿＿＿＿＿。

3. 单因素方差分析的三个平方和分别是＿＿＿＿＿＿＿、＿＿＿＿＿＿＿和＿＿＿＿＿＿＿。

4. 在方差分析中，用＿＿＿＿＿＿＿来检验因素的影响是否显著。

5. ＿＿＿＿＿＿＿是研究两种及以上因素对试验（调查）观察指标影响程度的统计分析方法，具体又可分为＿＿＿＿＿＿＿和＿＿＿＿＿＿＿两类情况。

6. 在方差分析中，组间离差平方和或组内离差平方和与总方差之比服从＿＿＿＿＿＿分布。

二、判断题

1. 方差分析的基本思想是把总方差分解成各部分方差的和，然后分析各项方差的大小与占比。（　　）

2. 在单因子方差分析中，随机误差项的偏差平方和除以总体方差之后是服从正态分布的。（　　）

3. 在因子方差分析中，若拒绝原假设，则表明各总体的均值相互之间均不相同。（　　）

4. 双因素无重复观察的数据，通常是假设不存在交互影响的，此时误差项平方和的自由度等于 A 因素平方和的自由度与 B 因素平方和的自由度的乘积。（　　）

5. 当存在交互影响时，双因素方差分析的交互项偏差平方和检验统计量是 $F_{A \times B} = \bar{S}^2_{A \times B} / \bar{S}^2_E$。（　　）

6. 方差分析的本质就是分析某一指标在不同因素、不同状态下的结果是否存在系统性差异以及差异的主要来源。（　　）

三、单项选择题

1. 如果把一个样本按某一标志（因素）划分为 m 个不同的组（m 大于 2），然后考察某一随机变量在各组的取值情况，采用方差分析，意味着对以下原假设进行检验（μ_i 为相应的平均数）（   ）。

   A. H_0: $\mu_1=\mu_2=\cdots\cdots=\mu_k$ H_1: $\forall \mu_i \neq \mu_j (i \neq j)$

   B. H_0: $\mu_1=\mu_2=\cdots\cdots=\mu_k$ H_1: $\exists \mu_i \neq \mu_j (i \neq j)$

   C. H_0: $\mu_1=\mu_2=\cdots\cdots=\mu_k=0$ H_1: $\forall \mu_i \neq \mu_j (i \neq j)$

   D. H_0: $\mu_1=\mu_2=\cdots\cdots=\mu_k=0$ H_1: $\forall \mu_i \neq \mu_j (i \neq j)$

2. 在双因子有交互作用的方差分析中，反映交互效应的基本偏差是（   ）。

   A. $ns\sum_{i=1}^{r}(\overline{x}_{i\cdot\cdot} - \overline{x})^2$

   B. $nr\sum_{j=1}^{s}(\overline{x}_{\cdot j\cdot} - \overline{x})^2$

   C. $n\sum_{i=1}^{r}\sum_{j=1}^{s}(x_{ij\cdot} + \overline{x} - \overline{x}_{i\cdot\cdot} - \overline{x}_{\cdot j\cdot})^2$

   D. $\sum_{i=1}^{r}\sum_{j=1}^{s}\sum_{k=1}^{n}(x_{ijk} - \overline{x}_{ij\cdot})^2$

3. 研发某种降血糖新药物有三种配方思路，经过反复药理分析与动物试验确信无毒副作用后，决定进行治疗效果的人体试验。试验者共 720 人，按人体特征（性别和年龄）随机分成 6 组，每组 120 人，每种配方 240 人，对药物治疗后的血糖指标进行方差分析，则（   ）。

   A. 配方是因素，人体特征是指标

   B. 配方与人体特征都是因素

   C. 配方是因变量，血糖指标是自变量

   D. 人体特征是自变量，配方是因变量

4. 在第 3 题中，为了分析血糖指标的影响因素，我们需要进行哪种方差分析？（   ）

   A. 单因素方差分析

   B. 无交互作用的双因素方差分析

   C. 无交互作用的三因素方差分析

   D. 有交互作用的双因素方差分析或三因素方差分析

5. 在第 3 题中，720 人的血糖差异可以分解为（   ）。

   A. 6 组之间的血糖差异＋3 种配方之间的血糖差异

   B. 6 组组内的血糖差异＋3 种配方之间的血糖差异

   C. 6 组之间的血糖差异＋3 种配方内部的血糖差异

   D. 6 组组内的血糖差异＋3 组配方之间的血糖差异

四、多项选择题

1. 方差分析包括（　　　）。

   A. 单因素方差分析和双因素方差分析　　　B. 多因素方差分析

   C. 协方差分析　　　D. 一元方差分析和多元方差分析

   E. 非参数方差分析

2. 承单项选择题的第3题，以下哪些表述是正确的？（　　　）

   A. 配方与人体特征都可能影响血糖指标

   B. 配方与人体特征存在交互作用

   C. 血糖总差异可以分解为6组之间的差异+各组内的差异

   D. 血糖总差异可以分解为3种配方之间的差异+各配方内的差异

   E. 需要构造 F 统计量进行检验

五、简答题

1. 方差分析的基本思想是什么？

2. 方差分析有哪些分类？该如何选择？

3. 单因素方差分析的变差平方和分解式是如何推导出来的？各项的分布是什么？

4. 如何应用双因素方差分析？试举例说明。

5. 双因素分析中无交互影响与有交互影响分析有什么区别？试举例说明。

6. 如何理解方差分析的有关假设？

7. 如何理解方差分析的有关分布及其自由度？

六、计算题

1. 某市场研究公司调查某省民营企业职工商业保险投保状态时，取得如下数据（上一年全年商业保险消费支出额）（单位：元）：

按年龄分组	1	2	3	4	5	6	7	8	9	10	11	12
30 岁以下	350	1 500	820	280	389	1 588	652	150	1 020	350	147	58
30～50 岁	458	2 350	1 522	890	868	2 897	1 872	280	2 100	751	860	821
50 岁以上	140	50	100	150	102	450	284	452	350	120	45	120

不同年龄段职工的商业保险费用支出水平是否存在显著差异（取显著性水平 $\alpha =0.05$）？

2. 为提高大学数学的教学效果，某研究员提出了四种不同的数学教学辅助手段。现欲证明这些辅助手段对教学效果的改进是否存在显著差异，从当年一年级学生中抽取四个班级进行试验，学期结束考试成绩（卷面）如下表所示（每个班级抽取15名学生）：

序号	方法 1	方法 2	方法 3	方法 4
1	89	85	89	68
2	95	86	98	69
3	82	78	95	67
4	65	89	96	69
5	45	90	94	89
6	68	87	93	99
7	95	88	85	95
8	90	65	86	87
9	88	60	87	82
10	78	98	86	65
11	65	95	82	48
12	68	48	81	49
13	78	65	80	78
14	79	77	78	86
15	81	89	75	88

要求：

（1）这四种辅助教学方法之下的教学效果是否存在显著差异（显著性水平取 5%）？

（2）为保证统计分析结论的可靠性，本例数据采集时有何要求？

3. 研究人员从某省十五期间结项的自然科学基金项目中随机抽取部分项目进行绩效评估。采用设计的综合评价体系，获得有关项目的"相对绩效分值"（满分为100分）。研究人员认为，学校类型、项目类型等都可能会影响到科研项目绩效，请你在 5%的显著性水平下分析这两个因素对科研项目绩效的影响。

学校	部属重点高校（211 学校）	省属普通高校	省属高职学院
基础研究	89, 90, 80, 88, 95, 86, 94, 95, 90, 85, 82, 84, 76, 75, 68, 80, 98, 70, 88, 96	88, 86, 78, 76, 65, 68, 78, 90, 88, 76, 74, 68, 88, 90, 68, 60, 80, 70, 68, 88	68, 78, 76, 60, 60, 80, 65, 70, 66, 50, 58, 80, 60, 70, 60, 64, 66, 68, 70, 74
应用研究	86, 88, 80, 86, 90, 67, 88, 85, 65, 77, 78, 89, 90, 86, 88, 90, 90, 78, 88, 90	90, 98, 90, 86, 88, 87, 80, 98, 97, 80, 88, 85, 90, 78, 80, 89, 98, 68, 80, 82	86, 88, 90, 86, 78, 70, 80, 80, 78, 60, 60, 70, 50, 60, 66, 80, 88, 56, 68, 70

4. 某会计师事务所承接了多个企业的会计记账工作，由于业务发展迅速，2006 年年初从某大学会计专业硕士研究生毕业生中招收了 3 名新员工，并且每人独立担任三家企业（事业单位、工业企业、商业企业）的会计记账工作。半年后，事务所主管对这三位年轻人的记账情况进行检查，计算相关的差错率（%）。经过两周的检查，结果如下表所示：

员工	事业单位	工业企业	商业企业
A	1.3	2.5	1.6
B	3.5	6.8	2.8
C	5.8	10.2	4.5

请问：三位员工记账的差错率是否存在显著差异？不同类型单位的会计记账工作其差错率是否存在区别（取显著性水平为 5%）？

第七章

相关回归分析

本章要点

1. 现象之间的数量关系包括两类：函数关系与相关关系。函数关系是现象之间严格的数量依存关系，而相关关系是一种非确定性的数量依存关系。相关关系与函数关系既有联系又有区别，在社会经济现象中广泛存在。

2. 现象之间的相关关系可以进行多种分类：按相关的涉及因素多少可以分为单相关与复相关；按相关的表现形式不同可以分为线性相关与非线性相关；按相关的性质不同可以分为正相关与负相关；按相关的密切程度不同可以分为完全相关、不完全相关和完全不相关。

3. 相关分析是分析现象之间相关关系的形式和密切程度的一种统计分析方法，其主要分析统计量是相关系数。常用的相关系数是皮尔逊（Pearson）相关系数，另外还有反映等级相关关系的斯皮尔曼（Spearman）系数和肯德尔（Kendall）系数。

4. 回归分析是在相关分析的基础上，对具有相关关系的两个或两个以上变量之间数量变化的一般关系进行测定，确定因变量和自变量之间数量变动关系的数学表达式，以便对因变量进行估计或预测的统计分析方法。回归分析的主要内容是根据观测数据建立回归模型。最基础的回归模型是简单线性回归模型 $y_c=a+bx$，根据最小二乘法，可以求出回归参数 a 和 b，参数确定了，回归方程也就确定了。回归方程可以用于统计估计或预测，即可根据给定的自变量数值估计因变量的数值或置信区间。

5. 与相关分析相比，回归分析有自己的特点，体现在以下几个方面：在两个或两个以上变量中，必须确定其中一个为因变量，其余为自变量；因变量是随机的，自变量是可控的；若两个变量之间互为因果关系，则可以建立两个独立的、具有不同意义的回归方程，即回归方程不具有可逆性；回归分析的目的是根据自变量的取值去估计因变量的可能值，或根据因变量的取值范围要求去控制自变量的取值范围。

6．由简单线性回归模型可以推广到多元线性回归模型的情况，而非线性回归模型也可以通过各种变量代换的方法转化为线性回归模型来求解。

7．回归方程的求解采取最小二乘法（最小平方法），即因变量的实际值与估计值之间的离差平方和为最小值。具体回归线的拟合程度或回归方程的代表性要通过回归估计标准误来衡量。

8．回归系数 b 的含义是自变量每变动（增加或减少）一个单位所引起的因变量的平均变动（增加或减少）量，它的正负与相关系数相同并且存在一定的换算关系。

9．在回归分析中，回归变差与总变差的比重称为判定系数或可决系数，它是相关系数的平方，在数值上与回归估计标准误呈反向变化关系。

一、填空题

1. 现象之间的数量关系大致上可以分为＿＿＿＿＿＿＿＿和＿＿＿＿＿＿＿＿，其中确定性的数量依存关系称为＿＿＿＿＿＿＿＿，非确定性的数量依存关系称为＿＿＿＿＿＿＿＿。

2. 相关关系按涉及因素多少可分为＿＿＿＿＿＿＿＿与＿＿＿＿＿＿＿＿；按表现形式不同可分为＿＿＿＿＿＿＿＿与＿＿＿＿＿＿＿＿；按相关性质不同可分为＿＿＿＿＿＿＿＿与＿＿＿＿＿＿＿＿；按密切程度不同可以分为＿＿＿＿＿＿＿＿、＿＿＿＿＿＿＿＿和＿＿＿＿＿＿＿＿。

3. 反映现象之间相关关系密切程度的指标称为＿＿＿＿＿＿＿＿＿＿，常用的有＿＿＿＿＿＿＿＿、＿＿＿＿＿＿＿＿和＿＿＿＿＿＿＿＿。

4. 皮尔逊直线相关系数的取值范围是＿＿＿＿＿＿＿＿，大于 0 表示＿＿＿＿＿＿＿＿，小于 0 表示＿＿＿＿＿＿＿＿，等于 0 表示＿＿＿＿＿＿＿＿。

5. 在回归分析中，作为变化根据的变量叫＿＿＿＿＿＿＿＿，作为被影响的变量叫＿＿＿＿＿＿＿＿。回归分析的目的是对＿＿＿＿＿＿＿＿做出估计，所依据的方程叫＿＿＿＿＿＿＿＿，方程的求解一般采用＿＿＿＿＿＿＿＿。

6. 在回归方程中，自变量前的系数叫＿＿＿＿＿＿＿＿，其值正、负表示自变量与因变量之间存在＿＿＿＿＿＿＿＿或＿＿＿＿＿＿＿＿相关，它的具体意义是＿＿＿＿＿＿＿＿每变动一个单位的量所引起的＿＿＿＿＿＿＿＿变动的量。

7. 在回归模型中，总变差可以分解为＿＿＿＿＿＿＿＿和＿＿＿＿＿＿＿＿两部分，其中＿＿＿＿＿＿＿＿所占比重称为判定系数，它是＿＿＿＿＿＿＿＿的平方。

8. 反映回归估计效果的指标叫＿＿＿＿＿＿＿＿，它实际上体现了因变量的＿＿＿＿＿＿＿＿与实际值之间的差异程度。

9. 回归估计标准误、判定系数之间的关系可以用公式表示为＿＿＿＿＿＿＿＿，回归系数、相关系数之间的关系可以用公式表示为＿＿＿＿＿＿＿＿。

二、判断题

1. 正相关是指自变量和因变量的数量变动方向都是上升的。（　　　）

2. 回归系数 b 和相关系数 r 都可以用来判断现象之间相关的密切程度。（　　　）

3. 在相关分析中，要求两个变量都是随机的；在回归分析中，要求两个变量都不是随机的。（　　　）

4. 判定系数越大，估计标准误就越大；判定系数越小，估计标准误就越小。（　　　）

5. 利用最小二乘法拟合的直线回归方程，要求所有观测点和回归直线的距离平方和为零。（　　　）

6. 相关系数 0.8 与-0.8 在表明相关密切程度时是一样的。（　　　）

7. 相关系数越接近于 1，回归方程的拟合度越好；相关系数越接近于-1，回归方程的拟合度越差。（　　　）

8. 函数关系是相关关系的一个特例。（　　　）

9. 只要存在相关性，就可以计算皮尔逊直线相关系数。（　　　）

10. 剩余变差与回归变差的比值越大，回归方程越有可能整体显著。（　　　）

11. 若回归系数为 0，则相关系数也为 0。（　　　）

12. 非线性回归模型都可通过适当变换而转化为线性模型。（　　　）

三、单项选择题

1. 下列哪种关系属于相关关系而非函数关系？（　　　）

　　A. 圆的面积与半径　　　　　　　　　　B. 工资总额与人均工资

　　C. 价格与销售量　　　　　　　　　　　D. 行程距离与车速

2. 为了直观表现两个变量之间的数量依存关系，一般采用（　　　）。

　　A. 直方图　　　　　B. 圆饼图　　　　　C. 散点图　　　　　D. 柱形图

3. 对于线性回归模型，我们一般假定随机误差项 ε 服从（　　　）。

　　A. 均匀分布　　　　B. 二项分布　　　　C. t 分布　　　　D. 正态分布

4. 相关系数的正负取决于（　　　）。

　　A. 协方差 s_{xy}^2　　B. 标准差 s_x　　C. 标准差 s_y　　D. $s_x s_y$

5. 在回归方程 $y_c = 0.8+2.1x$ 中，我们可以（　　　）。

　　A. 估计出 x 与 y 之间的相关系数　　　B. 根据 y 的取值估计 x

　　C. 推导出以 x 为因变量的回归方程　　　D. 根据 x 的取值估计 y

6. 在第 5 题中，我们可以判断（　　　）。

　　A. 两个变量呈正相关关系　　　　　　　B. 两个变量呈负相关关系

　　C. 两个变量呈函数关系　　　　　　　　D. 两个变量没有关系

7. 在第 5 题中，若 y 表示产值（万元），x 表示人数（人），那么表明（　　　）。

　　A. 每增加 1 人，产值增加 0.8 万元　　　B. 每增加 1 人，产值增加 2.1 万元

　　C. 每增加 1 人，产值减少 0.8 万元　　　D. 每增加 1 人，产值减少 2.1 万元

8. 若两个变量之间的线性相关系数为 0.9，则（　　　）。

    A. 回归系数为 0.81　　　　　　　　　　B. 判定系数为 0.81

    C. 回归估计标准误为 0.81　　　　　　　D. 判定系数为 0.95

9. 在回归分析中，要求两个变量（　　　）。

    A. 都是随机变量　　　　　　　　　　　B. 都是可控变量

    C. 一个随机变量，一个可控变量　　　　D. 没有因果关系

10. 身高与体重的关系属于（　　　）。

    A. 函数关系　　　　　　　　　　　　　B. 互为因果关系

    C. 没有关系　　　　　　　　　　　　　D. 非严格的依存关系

11. 拟合回归方程的最小平方法指的是（　　　）。

    A. $\sum(y-y_c)=$最小值　　　　　　　　B. $\sum(y-y_c)=$最大值

    C. $\sum(y-y_c)^2=$最小值　　　　　　　D. $\sum(y-y_c)^2=$最大值

12. 若回归方程的判定系数为 0.902 5，则（　　　）。

    A. 相关系数为 0.95　　　　　　　　　　B. 相关系数为-0.95

    C. 相关系数为 0.95 或-0.95　　　　　　D. 无法推算相关系数

13. 下列指标一定为正的是（　　　）。

    A. 相关系数 r　　　　　　　　　　　　B. 回归系数 b

    C. 回归常数 a　　　　　　　　　　　　D. 回归估计标准误 S_{yx}

14. 相关系数 r 与回归系数 b 的关系是（　　　）。

    A. $b=r\dfrac{s_x}{s_y}$　　　　B. $b=r\dfrac{s_y}{s_x}$　　　　C. $r=b\dfrac{s_y}{s_x}$　　　　D. 以上都不对

15. 下列关系中呈负相关的是（　　　）。

    A. 身高与体重　　　　　　　　　　　　B. 价格与产量

    C. 产量与单位成本　　　　　　　　　　D. 广告投入与销售收入

四、多项选择题

1. 若两个变量之间的相关系数为 0.95，说明（　　　）。

    A. 两个变量之间正相关　　　　　　　　B. 两个变量高度相关

    C. 两个变量低度相关　　　　　　　　　D. 回归系数也是正的

    E. 判定系数为 0.902 5

2. 相关关系与函数关系的关系为（　　　）。

    A. 两者没有关系　　　　　　　　　　　B. 函数关系是特殊的相关关系

C. 函数关系有时也会变成相关关系

D. 研究相关关系需要借助函数关系

E. 两者没有区别

3. 皮尔逊相关系数的计算公式有（   ）。

A. $r = \dfrac{\sum(x-\overline{x})(y-\overline{y})}{\sqrt{\sum(x-\overline{x})}\sqrt{\sum(y-\overline{y})}}$

B. $r = \dfrac{\sum(x-\overline{x})(y-\overline{y})}{\sqrt{\sum(x-\overline{x})^2}\sqrt{\sum(y-\overline{y})^2}}$

C. $r = \dfrac{\sum(x-\overline{x})(y-\overline{y})}{\sqrt{\sum(x-\overline{x})^2(y-\overline{y})^2}}$

D. $r = \dfrac{s_{xy}^2}{s_x s_y}$

E. $r = b\dfrac{s_x}{s_y}$

4. 可用于反映回归方程拟合程度好坏的指标有（   ）。

A. 回归系数 b 的大小

B. 相关系数 r 的大小

C. 判定系数 r^2 的大小

D. 回归估计标准误 S_{yx} 的大小

E. 回归常数 a 的大小

5. 在直线回归分析中，（   ）。

A. 自变量是可控制量，因变量是随机的

B. 两个变量不是对等的关系

C. 利用一个回归方程，两个变量可以互相推算

D. 根据回归系数可以判定相关的方向

E. 对于两个没有明显因果关系的相关变量，可求得两个回归方程

6. 下列现象中属于正相关的有（   ）。

A. 家庭收入越多，其消费支出也越多

B. 某产品产量随工人劳动生产率的提高而增加

C. 流通费用率随商品销售额的增加而减少

D. 生产单位产品所耗工时随劳动生产率的提高而减少

E. 产品产量随生产用固定资产价值的减少而减少

7. 简单线性回归方程中的 b 称为回归系数，其作用是（   ）。

A. 可确定两变量之间因果的数量关系

B. 可确定两变量之间的相关方向

C. 可确定两变量相关的密切程度

D. 可确定因变量的实际值与估计值的变异程度

E. 可确定自变量变动一个单位时因变量的平均变动值

8. 可用来判断现象之间相关方向的指标有（   ）。

    A. 估计标准误　　B. 相关系数　　　　　C. 回归系数

    D. 判定系数　　　E. 两个变量的协方差

9. 判定系数 0.81 的含义是（   ）。

    A. 因变量的变化可由自变量解释的程度为 81%

    B. 相关系数可能是 0.9

    C. 相关系数可能是-0.9

    D. 总变差可由回归变差解释的程度为 81%

    E. 相关系数为 0.656 1

10. 下列指标中一定为正的有（   ）。

    A. 相关系数 r　　　B. 判定系数 r^2　　　C. 回归系数 b

    D. 回归估计标准误 S_{yx}　　　　　　E. 回归常数 a

五、简答题

1. 什么是相关关系？它与函数关系是什么关系？

2. 相关关系可做哪些分类？

3. 什么是相关分析？其目的是什么？

4. 相关分析包括哪些内容？该注意什么问题？

5. 常用的相关系数有哪些？该怎么选择应用？

6. 如何解读相关系数的意义？

7. 什么是回归分析？与相关分析有何区别与联系？

8. 回归分析模型有哪些种类？分别适用哪些场合？

9. 拟合回归方程为什么要采用最小平方法？

10. 什么是判定系数？有什么作用？

11. 什么是回归估计标准误？有什么作用？

12. 常用的非线性回归模型有哪些？试写出其方程。

六、计算题

1. 已知 12 对父子身高资料如下：

父身高（cm）	165	168	170	171	172	173	175	176	177	178	180	182
子身高（cm）	170	169	173	173	172	174	174	177	174	176	179	180

要求：

（1）画出相关散点图。

（2）计算父身高与子身高的相关系数。

（3）拟合以子身高为因变量的回归方程。

（4）估计父身高为185cm时的子身高。

2. 某行业8个企业的产品销售额和销售利润资料如下：

企业编号	销售额（万元）	销售利润（万元）
1	1 700	81
2	2 200	125
3	3 900	180
4	4 300	220
5	4 800	265
6	6 500	400
7	9 500	640
8	10 000	690

要求：

（1）计算产品销售额与利润额的相关系数。

（2）建立以利润额为因变量的直线回归方程，说明斜率的经济意义。

（3）当企业产品销售额为500万元时，销售利润为多少？

3. 10个同类企业的生产性固定资产年均价值和工业增加值资料如下所示：

企业编号	生产性固定资产价值（万元）	工业增加值（万元）
1	318	524
2	910	1 019
3	200	638
4	409	815
5	415	913
6	502	928
7	314	605
8	1 210	1 516
9	1 022	1 219
10	1 225	1 624

要求：

（1）计算相关系数，说明两变量相关的方向和程度。

（2）建立以工业增加值为因变量的直线回归方程，说明方程参数的经济意义。

（3）计算估计标准误。

（4）在95%的概率把握下，估计生产性固定资产为1 100万元时，工业增加值的可能置信区间。

4. 根据某地区历年人均年收入（千元）与商品销售额（百万元）资料计算的有关数据如下所示（x 代表人均收入，y 代表销售额）：

$n=9$，$\sum x = 39$，$\sum y = 2\,560$，$\sum x^2 = 182$，$\sum xy = 11\,918$

要求：

（1）建立以商品销售额为因变量的直线回归方程，说明斜率的经济意义。

（2）若 2016 年人均年收入为 6\,000 元，试推算 2016 年该地区的商品销售额。

5. 已知 $r=0.9$，$\bar{x}=25$，$\bar{y}=50$，S_y 是 S_x 的 3 倍，求以 y 为因变量的直线回归方程。

6. 已知 $\overline{xy}=146.5$，$\bar{x}=12.6$，$\bar{y}=11.3$，$\overline{x^2}=164.2$，$\overline{y^2}=134.1$，$a=1.76$。求 x 与 y 的相关系数，以及以 y 为因变量的直线回归方程。

7. 某地居民户均年收入 8.8 万元，方差 1.8 万元；户均年支出 6.9 万元，方差 3.2 万元，年支出依年收入的回归系数为 0.3。

要求：

（1）计算年收入与年支出之间的相关系数。

（2）给出年支出依年收入的直线回归方程。

（3）估计年收入为 10 万元时的年支出。

（4）说明年收入增加 1 万元的年支出增加额。

8. 已知直线回归方程为 $y=1.35+4.2x$，$\bar{y}=6$，$r=0.9$，$S_x^2=7$，求 $\bar{x}$ 和 S_{xy}^2。

9. 已知 $\bar{x}=15$，$\bar{y}=41$，$S_x=1.5$，$S_y=6$，关于直线回归方程，当 x 为 3 时，$y_c=5$。求回归估计标准误。

10. 某种颜色可以分为 10 个等级。现为了考察某辨色员的水平，让其对该颜色的 10 张卡片（1 种颜色 1 张）进行排序，结果如下：

卡片真实排序：1 2 3 4 5 6 7 8 9

辨色员的排序：1 2 3 5 4 6 8 7 9

问该辨色员的水平如何？

11. 两位考官对 10 名应聘者的评价如下：

甲：76 78 80 86 79 81 83 85 88 92

乙：80 79 83 85 78 80 85 88 90 93

问这两名考官的评价是否具有一致性？

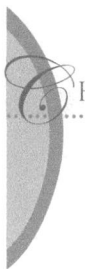

第八章
时间数列分析

本章要点

1. 统计指标按时间顺序排列形成的序列称为时间数列。指标值及其所属时间是其两个基本要素。通过时间数列分析，不仅可以看出一个现象过去的发展水平与速度，而且可以了解其现状，预计其发展趋势。时间数列有时期数列、时点数列、平均数数列、相对数数列等类型。可比性是编制时间数列的基本原则。

2. 时间数列的影响因素大致上包括长期趋势、季节变动、循环变动和不规则变动。其中，长期趋势是指时间数列中指标数值在较长一段时间内，由于受普遍的、持续的、决定性的基本因素作用而持续向上或向下发展或持续不变的基本态势。季节变动是指数列中的月度或季度指标数值随着季节交替而出现的周期性、规则性的重复变动。循环变动也是指时间数列中的指标数值随着时间变动而发生的周期性的重复变化，但循环变动的时间周期与规律性都比季节变动复杂。不规则变动是指时间数列中的指标数值由于受偶然因素或意外条件影响而在一段时间内（通常指短期内）呈现出的不规则或自然不可预测的变动。分解这四种影响因素的模式有两种：加法模式和乘法模式。

3. 时间数列中各期实际水平称为发展水平。发展水平的平均数即为序时平均数，它与静态平均数是有区别的。不同性质的时间数列，其序时平均数的计算方法有很大区别。时间数列的水平指标还包括增长量与平均增长量及年距增长量。其中，增长量因基期的不同可分为逐期增长量与累计增长量，二者之间有两条基本数量关系。两个现象增长量序列对比时，可计算"边际倾向"指标。

4. 时间数列的速度指标有发展速度、增长速度、平均发展速度、平均增长速度等。发展速度按基期不同可分为环比发展速度与定基发展速度。环比发展速度的连乘积等于相应的定基发展速度，相邻两个定基发展速度之比即为相应的环比发展速度。为了消除季节因素，通常需要计算"年距发展速度"。发展速度减 1（即基期相对水平）后就是发展增长速度。平均发展速度在含义上是环比发展速度的统计平均值，常用的计算方法有水平法（几何平均法）和累计法（方程式法）两种，二者侧重点与适用条件不同。平均增长速度计算时则必须注意，只能在平均发展速度的基础上减去 100% 之后确定。比较两个现象速度快慢时，可采用"超过系数"，它是两个现象发展速度的比值。比较现象增长弹性时，可采用它们增长速度的比值。为了提示相对数背后的绝对数水平，可计算增长 1% 的水平值指标。

5. 测定长期趋势有许多方法，移动平均法与统计模型法是最常用的两种。移动平均法的重要因素是移动项数，实践中应该根据具体情况选择。采用统计模型拟合现象发展趋势的基本方法是最小平方法。一般应该根据时间数列变化特点选择适当的趋势模型。如果现象一级增长量大致相同，可选择直线趋势方程；如果现象二级增长量大致相同，可选择二次曲线趋势方程；如果现象环比增长速度大致相同，可选择指数曲线趋势方程。趋势方程中的参数有着特殊的经济含义。判断趋势方程优劣的基本指标是计算比较拟合的平均误差。

6. 测定季节变动的基本指标是季节比率或季节指数。若时间数列中没有明显增长或下降趋势，可采用按月（季）平均法计算季节比率，否则需要先计算趋势值（可采用移动平均或统计模型测算），再从实际值剔除趋势，凸现其中的季节性规律，即"修匀比率"。通过对修匀比率做进一步的统计平均，即可测得相应的季节指数。

7. 循环变动的测定也是基于乘法时间数列模型进行的，即在测得趋势变动和季节变动的基础上，从实际观察值中消除这两项变动，剥离出循环与不规则变动，再通过统计平均来确定相应循环系数。

一、填空题

1. 时间数列是某一指标数值_____而形成的统计序列。它的两个构成要素是_____和_____。

2. 时间数列按指标性质可以分为_____、_____和_____。其中_____是最基础的指标，它又可以分为_____和_____两种。

3. 影响时间数列的因素大致上有四种：_____、_____、_____和_____，分解它们影响作用的模式有两种：_____和_____。

4. 编制时间数列必须遵循的原则是_____，具体包括以下四个方面：_____、_____、_____和_____。

5. 时间数列的水平指标主要有：_____、_____、_____和_____。

6. 时间数列中的指标数值称为_____，其中第一项数值称为_____，最后一项数值称为_____，其他数值称为_____。

7. 报告期水平与基期水平之差称为_____，根据对比基期的不同可以区分为_____和_____。对于月度或季度指标的时间数列，有时还需要计算_____，以消除季节性变化的影响。

8. 平均增长量的计算方法有两种：_____和_____。

9. 报告期水平与基期水平之比称为_____，根据对比基期的不同可以区分为_____和_____。对于月度或季度指标的时间数列，有时还需要计算_____，以消除季节变动因素的影响。

10. 报告期增长量与基期水平之比称为_____，它与发展速度一样，也可以区分为_____和_____。对于月度或季度指标的时间数列，有时还需要计算_____，以消除季节变动因素的影响。

11. 两个相关指标同时期的增长量之比称为_____，增长速度之比称为_____。

12. 基期发展水平除以 100 称为_____。

13. 平均发展速度的计算方法有两种：_____和_____。

14. 测定长期趋势的主要方法有_____、_____和_____。

15. 测定季节变动的主要方法有_____和_____。

二、判断题

1. 两个总量指标时间数列相对比得到的时间数列一定是相对指标时间数列。（ ）

2. 构成时间数列的两个基本要素是现象所属时间和指标数值。（ ）

3. 相对指标或平均指标时间数列在空间上不具有直接可加性，但在时间上具有直接可加性。（ ）

4. 任何时间数列都存在长期趋势、季节变动、循环变动和不规则变动这四个影响因素。（ ）

5. 长期趋势只指持续向上或持续向下的趋势。（ ）

6. 分解时间数列影响因素的最常用模式是加法模式。（ ）

7. 时间数列中的中间水平既可以作为报告期水平，也可以作为基期水平。（ ）

8. 水平法与累计法计算的平均增长量是相等的。（ ）

9. 两个相邻时期的环比增长速度的连乘积等于相应时期的定基增长速度。（ ）

10. 两个相关指标的增长速度之比称为边际倾向。（ ）

11. 所谓序时平均数，就是将同一总体的不同时期的平均数按时间先后顺序排列起来。（ ）

12. 间隔相等的时期数列计算平均发展水平时，应用首尾折半的方法。（ ）

13. 累计增长量除以时间数列的项数等于平均增长量。（ ）

14. 平均发展速度就是各个时期发展速度的算术平均数。（ ）

15. 在移动平均法中，移动平均的项数越多，修匀作用越弱。（ ）

16. 求解直线趋势方程最常用的方法是半数平均法。（ ）

17. 在用最小平方法求解直线趋势方程时，简捷法与普通法的预测结果是一样的。（ ）

18. 增长1%的水平值就是增长量除以增长速度。（ ）

三、单项选择题

1. 某企业2002年1～4月月初的商品库存额如下所示（单位：万元）：

月份	1	2	3	4
月初库存额	20	24	18	22

则第一季度的平均库存额为（ ）万元。

    A.（20+24+18+22）/4   B.（20+24+18）/3

    C.（10+24+18+11）/3   D.（10+24+9）/3

2. 上题中，如果把月初库存额指标换成企业利润额，则第一季度的平均利润额为（　　）万元。

    A.（20+24+18+22）/4   B.（20+24+18）/3

    C.（10+24+18+11）/3   D.（10+24+9）/3

3. 某企业 1998 年的产值比 1994 年增长了 200%，则年平均增长速度为（　　）。

    A. 50%   B. 13.89%   C. 31.61%   D. 29.73%

4. 1990 年某市年末人口为 120 万人，2000 年年末达到 153 万人，则年平均增长量为（　　）万人。

    A. 3.3   B. 3   C. 33   D. 30

5. 第 4 题中，人口的平均发展速度是（　　）。

    A. 2.46%   B. 2.23%   C. 102.23%   D. 102.46%

6. 当时期数列分析的目的侧重于研究某现象在各时期发展水平的累计总和时，应采用（　　）计算平均发展速度。

    A. 算术平均法   B. 调和平均法   C. 方程式法   D. 几何平均法

7. 在测定长期趋势时，如果时间数列逐期增长量大体相等，则宜拟合（　　）。

    A. 直线模型   B. 抛物线模型

    C. 曲线模型   D. 指数曲线模型

8. 在测定长期趋势时，当时间数列的逐期增长速度基本不变时，宜拟合（　　）。

    A. 直线模型   B. 二次曲线模型

    C. 逻辑曲线模型   D. 指数曲线模型

9. 当一个时间数列是以年为时间单位排列时，则其中没有（　　）。

    A. 长期趋势   B. 季节变动   C. 循环变动   D. 不规则变动

10. 若无季节变动，则各月（季）的季节指数应该（　　）。

    A. 等于零   B. 等于 1   C. 大于 1   D. 小于零

11. 某一时间数列，当时间变量 $t=1, 2, 3, \cdots, n$ 时，得到趋势方程为 $y=38+72t$，那么，取 $t=0, 2, 4, 6, 8, \cdots$ 时，方程中的 b 将为（　　）。

    A. 144   B. 36   C. 110   D. 34

12. 银行年末存款余额时间数列属于（　　）。

    A. 时期数列   B. 时点数列

    C. 相对指标数列   D. 平均指标数列

13. 若时间数列呈现出长时间围绕水平线的周期变化，这种现象属于（　　　）。

    A. 无长期趋势、有循环变动　　　　　　B. 有长期趋势、有循环变动

    C. 有长期趋势、无循环变动　　　　　　D. 无长期趋势、无循环变动

14. 时点数列计算序时平均数最常用的方法是（　　　）。

    A. 简单算术平均法　　　　　　　　　　B. 加权算术平均法

    C. 首末折半法　　　　　　　　　　　　D. 移动平均法

15. 若报告期水平是基期水平的 8 倍，则我们称之为（　　　）。

    A. 发展速度为 700%　　　　　　　　　　B. 翻了 3 番

    C. 翻了 8 番　　　　　　　　　　　　　D. 增长速度为 800%

16. 弹性系数的表达式是（　　　）。

    A. $\dfrac{a_0}{b_0}$　　　　　B. $\dfrac{\Delta a}{\Delta b}$　　　　　C. $\dfrac{\dfrac{\Delta a}{a_0}}{\dfrac{\Delta b}{b_0}}$　　　　　D. $\dfrac{\dfrac{\Delta a}{a_n}}{\dfrac{\Delta b}{b_n}}$

17. 增长 1% 水平值的表达式是（　　　）。

    A. 报告期发展水平/100　　　　　　　　B. 报告期增长量/增长速度

    C. 基期发展水平/100　　　　　　　　　D. 基期发展水平/1%

18. 根据季度数据测定季节比率时，各季季节比率之和为（　　　）。

    A. 100%　　　　　B. 1 200%　　　　　C. 400%　　　　　D. 0

19. 已知某公司最近 5 年研发投入的增长速度分别是 5%、8%、10%、11% 和 12%，
则平均增长速度是（　　　）。

    A. $\dfrac{5\%+8\%+10\%+11\%+12\%}{5}$

    B. $\dfrac{105\%+108\%+110\%+111\%+112\%}{5}-100\%$

    C. $\sqrt[5]{5\%\times 8\%\times 10\%\times 11\%\times 12\%}$

    D. $\sqrt[5]{105\%\times 110\%\times 110\%\times 111\%\times 112\%}-100\%$

20. 用累计法计算平均发展速度，若（　　　），则可以判断增长速度大于 0。

    A. $\sum \dfrac{a_i}{a_0}>1$　　　　B. $\sum \dfrac{a_i}{a_0}>1$　　　　C. $\sum \dfrac{a_i}{a_0}>1$　　　　D. $1<\sum \dfrac{a_i}{a_0}<n$

四、多项选择题

1. 下列时间数列中，指标数值相加没有意义的有（　　　）。

    A. 时期数列　　　　　　　　　　　　　B. 时点数列

    C. 平均数时间数列　　　　　　　　　　D. 强度相对数时间数列

    E. 比重相对数时间数列

2. 下列时间数列中属于时点数列的有（　　　）。

    A. 高校历年年末在校生人数　　　　　　　B. 高校历年毕业生人数

    C. 高校历年招生人数　　　　　　　　　　D. 高校历年年末拥有图书册数

    E. 高校历年年末教师人数

3. 水平法计算的平均发展速度就是（　　　）。

    A. 最末水平除以最初水平的 n 次方根

    B. 各时期环比发展速度连乘积的 n 次方根

    C. 各时期定基发展速度连乘积的 n 次方根

    D. 各时期环比发展速度的几何平均数

    E. 各时期定基发展速度的几何平均数

4. 某公司 2000 年的产值为 5 000 万元，2015 年的产值是 2000 年的 3 倍，则我们可以说（　　　）。

    A. 年平均发展速度是 107.6%　　　　　　B. 年平均发展速度是 107.11%

    C. 年平均增长速度是 7.6%　　　　　　　D. 年平均增长量是 666.67 万元

    E. 年平均增长量是 625 万元

5. 时间数列的水平指标一般有（　　　）。

    A. 发展水平　　　　B. 平均发展水平　　　C. 增长量

    D. 平均增长量　　　E. 平均发展速度

6. 时间数列的影响因素有（　　　）。

    A. 长期趋势　　　　B. 循环变动　　　　　C. 不规则变动

    D. 季节变动　　　　E. 均匀变动

7. 增长 1% 水平值的计算公式有（　　　）。

    A. 基期发展水平/100　　　　　　　　　　B. 报告期发展水平/100

    C. 基期发展水平×1%　　　　　　　　　　D. 报告期发展水平×1%

    E. 报告期增长量/（增长速度×100）

8. 以下表述正确的有（　　　）。

    A. 环比发展速度的连乘积等于相应时期的定基发展速度

    B. 环比增长速度的连乘积等于相应时期的定基增长速度

    C. 逐期增长量的连加和等于相应时期的累计增长量

    D. 逐期增长量的连乘积等于相应时期的累计增长量

    E. 环比发展速度的连乘积减去 100% 等于相应时期的定基增长速度

9. 编制时间数列的原则有（ ）。

    A. 时间的一致性　　　　　　　　　　B. 总体范围的一致性

    C. 经济内容的一致性　　　　　　　　D. 计算方法的一致性

    E. 计量单位的一致性

10. 已知一个时间数列的项数、水平法平均增长量和最初发展水平，则可以计算求得
   （ ）。

    A. 各期环比发展速度　　　　　　　　B. 最末发展水平

    C. 水平法平均发展速度　　　　　　　D. 累计法平均发展速度

    E. 总发展速度

五、简答题

1. 什么叫时间数列？有什么作用？

2. 时间数列可以进行哪些分类？它们之间的关系如何？

3. 时间数列主要受哪些因素影响？该如何分解？

4. 什么叫长期趋势？该如何测定？

5. 什么叫季节变动？该如何测定？

6. 什么叫循环变动？该如何测定？

7. 什么叫不规则变动？该如何测定？

8. 序时平均数与静态平均数有何异同？

9. 时期数列与时点数列有哪些区别？

10. 时间数列采用的分析指标主要有哪些？

11. 什么叫发展水平？有哪些不同的称呼？

12. 什么叫增长量？环比增长量和定基增长量有什么关系？

13. 什么叫发展速度？环比发展速度和定基发展速度之间有什么关系？

14. 什么是平均发展速度？水平法和累计法有什么不同？该如何选用？

15. 为什么要注意速度指标和水平指标的结合运用？

16. 什么是移动平均法？有什么作用？

17. 用移动平均法确定移动平均项数时应注意哪些问题？

18. 最小平方法的数学要求是什么？写出以最小平方法拟合直线趋势、二次曲线趋势
   时的标准方程式。

19. 编制时间数列应该遵循哪些原则？

20. 在大数据背景下，你对时间数列分析有什么改进或创新建议？

六、计算题

1. 某企业 2010～2015 年期间不变价工业总产值的资料如下所示：

年份	2010	2011	2012	2013	2014	2015
工业总产值（万元）	660	700	732	756	780	820

试计算 2011～2015 年工业总产值的平均发展水平、年平均增长量及平均增长速度。

2. 某储蓄所某年的居民存款余额资料如下所示所示：

月份	1	4	8	12
月末存款余额（万元）	3 000	3 200	2 400	2 800

又知上年末的存款余额为 3 500 万元。试计算该储蓄所该年的平均存款余额。

3. 某公司 2010～2015 年职工人数与工程技术人员数如下表所示：

指标＼年份	2010	2011	2012	2013	2014	2015
年末职工人数	1 000	1 020	1 086	1 120	1 218	1 425
年末工程技术人员数	150	150	152	156	178	182

试计算该公司 2011～2015 年平均的工程技术人员所占比重。

4. 某超市某年 1～4 月商品销售及人员资料如下所示：

月份	1	2	3	4
商品销售额（万元）	300	350	280	250
月初销售员人数（人）	40	45	40	42

要求：

（1）计算第一季度该超市平均每月商品销售额。

（2）计算第一季度平均售货员人数。

（3）计算第一季度平均每售货员的销售额。

（4）计算第一季度平均每月每个售货员的销售额。

5. 某企业某年 1～7 月有关销售、库存等的资料如下所示（单位：万元）：

时间	1 月	2 月	3 月	4 月	5 月	6 月	7 月
销售额	12	12.4	12.8	14	14.2	15	15.4
月初库存额	5.8	5.2	6	6.5	7.2	7	6.8
流通费用额	1	1.2	1.1	1.5	1.5	1.8	2

要求：

（1）计算该企业一季度、二季度和上半年的商品流转次数。

（2）计算该企业一季度、二季度和上半年平均每月的商品流转次数。

（3）计算该企业一季度、二季度和上半年的商品流通费用率。

（4）计算该企业一季度、二季度和上半年平均每月的商品流通费用率。

（5）比较（1）与（2）、（3）与（4）的结果，说明了什么问题？

（6）编制该企业上半年"商品流转次数"和"商品流通费用率"的时间数列，说明它们属于哪一类时间数列。

（提示：商品流转次数=销售额/平均库存额；流通费用率=流通费用额/商品销售额。）

6. 下表是我国某年 1～6 月份工业增加值的时间数列，试计算各种动态分析指标，填入表中相应空格。

月份 指标		1	2	3	4	5	6
工业总产值（亿元）		2 662	2 547	3 134	3 197	3 190	3 633
增长量 （亿元）	逐期	/					
	累计	/					
发展速度 （%）	环比	/					
	定基	/					
增长速度 （%）	环比	/					
	定基	/					
增长 1% 的水平值							

7. 请根据表中已知数据计算表中所缺数据。

年份	发展水平	增长量		平均增 长量	发展速度（%）		增长速度（%）	
		累计	逐期		定基	环比	定基	环比
2010	285							
2011				42.5				
2012		106.2						
2013							45.2	
2014						136		
2015								3.2

8. 某地 1950～1978 年期间（以 1949 年为基期），GDP 平均每年以 25% 的速度增长，而 1979～2015 年间 GDP 平均每年以 30% 的速度增长，问该地 1950～2015 年间 GDP 的年平均增长速度是多少？

9. 某地 1980 年的人口是 120 万人，1981～2000 年间人口平均的自然增长率为 1.2%，之后下降到 1%，按此增长率，到 2015 年人口会达到多少？如果要求到 2020 年人口控制在 190 万以内，则 2006 年以后人口的增长速度应控制在什么范围内？

10. 某地区化肥产量历年资料如下（单位：万吨）：

年份	2008	2009	2010	2011	2012	2013	2014	2015
化肥产量	5.2	5.5	5.8	6.0	6.4	6.7	8.0	8.5

试分别用半数平均法和最小平方法拟合直线趋势方程，并预计到 2020 年该地区的化肥产量，同时比较这两种方法的差异。

11. 某企业历年产值资料如下（单位：亿元）：

年份	2007	2008	2009	2010	2011	2012	2013	2014	2015
产值	8	10	10	12	15	18	20	23	26

要求：

（1）分别用最小平方法的普通法和简捷法配合直线方程，并预测该地区 2016 年这种产品可能达到的产量。

（2）比较两种方法得出的结果有何异同。

12. 某企业的销售收入资料如下所示（单位：万元）：

年份	一季度	二季度	三季度	四季度
2012	79	48	68	107
2013	97	66	85	134
2014	113	91	100	148
2015	130	105	125	174

要求：

（1）分别用"按月（季）平均法"和"趋势剔除法"测定季节变动，并比较判断哪种方法更适合。

（2）若已知 2016 年全年的销售收入将达 600 万元，问这两种方法测定的各季销售收入将分别是多少？

（3）若已知 2016 年第一季度的销售收入为 145 万元，问这两种方法测定的其他三个季度的销售收入将分别是多少？

13. 某地区计划 2025 年人均公共绿化面积在 2015 年的人均 4 平方米的基础上翻一番，那么年平均发展速度应该是多少？若 2016 年、2017 年的发展速度都为 110%，那么后 8 年的平均发展速度应该是多少？若 2025 年的实际人均绿化面积达到 10 平方米，那么翻了几番？

第九章
统计指数分析

本章要点

1. 从广义上说，统计指数就是一切用以表明所研究事物发展变化方向和程度的相对数。从狭义上说，统计指数是指反映复杂现象总体某一方面数量综合变化方向和程度的相对数，具有综合性、平均性、相对性和代表性的特点。

2. 利用统计指数不仅能综合反映由多事物或多项目组成的复杂现象总体某一方面数量的总变动方向和程度，而且可以对所研究现象总体的某种数量总变动进行因素分析，可以研究和反映事物的长期变动趋势。

3. 统计指数按所考察的范围不同，可以分为个体指数和总指数，总指数按计算方式不同，可以分为未加权指数与加权指数，加权指数按照编制方法不同，又可分为综合指数和平均指数；统计指数按指数化指标的性质不同，可以分为数量指标指数和质量指标指数；统计指数按对比的性质不同，可以分为动态指数与静态指数。此外，为了分析的需要，我们有时还编制计算平均指标指数。

4. 所谓指数化指标，也称为指数化因素，就是在指数中要反映其数量变化或对比关系的指标；如果指数化指标为数量指标，则所编制的指数为数量指标指数；如果指数化指标为质量指标，则所编制的指数为质量指标指数。

5. 综合指数是通过两个具有经济意义并紧密联系的总量指标对比求得的指数。用以对比的两个总量指标都是由两个或两个以上因素（或指标）所决定的，其中一个因素（或指标）就是指数化因素或指数化指标，其他因素则是把不能直接相加的指数化因素转化为能直接相加的量的因素，称为同度量因素。

6. 综合指数的特点是：先综合，后对比。所谓先综合就是要先通过同度量因素，把总体中不能直接相加的各事物或各项目的指数化因素综合成为能直接相加的总量指标，解决复杂现象总体内各事物或各项目的数量不能直接相加或相加后不可比的问题。所谓后对比，就是在得到可比的总量指标的基础上，通过固定同度量因素的时间（或空间），选择两个合适的总量指标进行对比来得到所需要的指数。

7．关于同度量因素需要明确这样几点：一是指数化因素与同度量因素的区分是相对的，实际上它们是互为同度量因素；二是同度量因素的时间或空间必须加以固定，只有这样才能反映指数化因素的变化情况；三是同度量因素在起到同度量作用的同时，也起到一定的加权作用；四是必须注重各因素的内在联系关系来确定同度量因素的性质（数量化因素还是质量化因素）。

8．由于对如何固定同度量因素的时间有很多种不同的意见，所以综合指数也有很多种不同的形式或编制方法，其中最主要的有拉氏指数、派氏指数、费希尔指数、马-艾指数和杨格指数这五种形式，尤其是拉氏指数和派氏指数最为常用。拉氏指数就是把同度量因素的时间固定在基期的一种综合指数形式，而派氏指数就是把同度量因素的时间固定在报告期的一种综合指数形式。我们一般用拉氏指数形式编制数量指标指数，用派氏指数形式编制质量指标指数。

9．平均指数是计算总指数的另一种形式，是个体指数的加权平均数。它具体又分为加权算术平均指数和加权调和平均指数两种。从某种意义上说，平均指数是综合指数的变形和发展。如果说综合指数是从复杂现象总体总量出发，以观察指数化因素的变动情况，那么平均指数就是从独立的个体事物出发，对个体数量变化比率加权平均，以观察总体数量的平均变化。

10．平均指数的特点是：先对比，后综合。所谓先对比，就是先计算出所研究现象总体中各事物或各项目的指数化因素的个体指数，获得反映单个事物或单个项目指数化因素数量变动的相对数；所谓后综合，就是通过选择适当的权数和加权方法，对指数化因素的个体指数进行加权平均，把单个的个体指数综合成为总指数，综合的过程就是平均的过程。我们一般采用基期加权算术平均指数来编制数量指标指数，采用报告期加权调和平均指数来编制质量指标指数。

11．平均指标指数是平均指标的两个不同时期数值对比形成的指数，我们计算平均指标指数并不仅仅为了了解平均指标本身数值的变动程度，更是为了了解平均指标数值发生变化的原因。例如，加权算术平均数的变动取决于各组变量值水平与各组权数（结构）这两个因素的变动，因此观察两个因素的变动对总平均数变动的影响程度，正是我们研究平均指标指数的重要目的所在。我们把反映总平均数变动程度的指数称为总平均指标指数，把反映各组变量值水平变动对总平均数变动影响程度的指数称为固定构成指数，把反映各组权数（结构）变动对总平均数变动影响程度的指数称为结构变动影响指数。

12．所谓统计指数体系，就是由三个或三个以上具有内在本质联系的统计指数所组成的有机整体。利用统计指数体系可以对复杂现象总体的数量变化从相对数和绝对数两方面进行因素分析，说明各个影响因素的变动方向和影响程度；可以利用指数体系中各个指数之间的数量关系，由已知的指数去推算未知的指数。

13．所谓因素分析，就是利用统计指数体系中各个指数之间的数量联系关系，对现象总体总变动的各个影响因素进行分解，分析各因素变动对现象总体总变动的影响程度和绝对效果。最基本的因素分析是两因素分析。

一、填空题

1. 统计指数起源于_____的研究，它在广义上是指一切用以表明事物发展变化方向及其程度的_____，在狭义上则是指用以反映_____的相对数。

2. 统计指数按所考察的范围不同，可以分为_____和_____；按指数化指标的性质不同，可以分为_____和_____；按对比的性质不同，可以分为_____和_____。

3. 总指数分为_____和_____两种。其中，由两个总量指标对比求得的指数称为_____，由于总量指标由至少两个不同的因素所决定，所以要把这些因素区分为_____和_____；由个体指数加权平均得到的指数称为_____，又分为_____和_____两种。

4. 综合指数的编制特点是_____，平均指数的编制特点是_____。

5. 把同度量因素固定在基期的综合指数称为_____，把同度量因素固定在报告期的综合指数称为_____，把同度量因素确定为其基期数值与报告期数值之平均数的综合指数称为_____，把同度量因素确定为某个特定时期的综合指数称为_____，而对拉氏指数与派氏指数进行几何平均的综合指数称为_____。

6. 综合指数编制的一般原则是，质量指数采用_____，数量指数采用_____。

7. 总平均指标指数可以分解为_____和_____。

8. 同度量因素除了具有同度量作用外，还具有_____作用。

二、判断题

1. 广义的统计指数可以指一切用来说明同类事物或现象发展变化程度的相对数，但狭义上的统计指数以研究复杂现象总体某种数量的综合变化作为主要任务。（   ）

2. 总体是由个体构成的，所以总指数就是个体指数之和。（   ）

3. 统计指数的结果都具有一定的假定性。（   ）

4. 同度量因素在起到同度量作用的同时，还具有一定的权数作用。（　　　）

5. 加权算术平均数指数是一种平均指标指数。（　　　）

6. 综合指数与平均指数具有不同的特点，两者之间不能相互转换。（　　　）

7. 综合指数与平均指数的区别就在于是否进行了加权。（　　　）

8. 在多因素综合指数中，数量化因素与质量化因素的确定是固定不变的。（　　　）

9. 按对比的性质不同，统计指数分为数量指标指数与质量指标指数。（　　　）

10. 利用平均指标指数体系只能对平均数的变动进行因素分析。（　　　）

11. 在实际应用中，平均指数可以作为综合指数的变形。（　　　）

12. 根据同样的资料，拉氏指数的结果会低于派氏指数。（　　　）

13. 在编制综合指数时，同度量因素的时间或空间必须加以固定。（　　　）

14. 编制统计指数体系的主要目的之一是进行因素分析。（　　　）

15. 平均指数的特点是先对比、后综合，综合的过程就是加权平均的过程。（　　　）

16. 在编制数量指数时，要选择质量化因素作为同度量因素。（　　　）

17. 总指数不论采取综合法还是平均法，都具有平均性和相对性。（　　　）

18. 统计指数可用以反映现象的长期发展趋势。（　　　）

19. 派氏指数实际上隐含了同度量因素从基期到报告期的变动。（　　　）

20. 对于相对指标，也可以进行类似平均指标指数的因素分析。（　　　）

三、单项选择题

1. 数量指标综合指数一般采用（　　　）形式。

   A. 派氏指数　　　　B. 费希尔指数　　　　C. 拉氏指数　　　　D. 杨格指数

2. 按照一般规则，如果加权算术平均指数要成为相应综合指数的变形，则权数是
   （　　　）。

   A. p_0q_0　　　　B. p_1q_1　　　　C. p_1q_0　　　　D. p_0q_1

3. 按照一般规则，如果加权调和平均指数要成为相应综合指数的变形，则权数是
   （　　　）。

   A. p_0q_0　　　　B. p_1q_1　　　　C. p_1q_0　　　　D. p_0q_1

4. 某公司为了全面反映所属各企业生产某种产品平均成本的总变动情况，需要进行
   （　　　）因素分析。

   A. 综合指数　　　　　　　　　　B. 算术平均指数

   C. 平均指标指数　　　　　　　　D. 调和平均指数

5. 某企业生产多种不同产品，下列指数中属于狭义指数的是（　　）。

    A. 企业职工工资总额指数　　　　　　　　B. 企业用水量指数

    C. 企业用电价格指数　　　　　　　　　　D. 企业产品出厂价格指数

6. 为了单纯反映产品成本变化而不受产品产量结构变化的影响，计算产品成本总指数时应该选择的指数形式是（　　）。

    A. 派氏指数　　　　B. 费希尔指数　　　　C. 拉氏指数　　　　D. 马-艾指数

7. 为了比较不同区域居民消费价格水平之间的差异，指数的计算应该采用（　　）。

    A. 派氏指数　　　　B. 费希尔指数　　　　C. 拉氏指数　　　　D. 马-艾指数

8. 同样多的货币支出少购买 5% 的商品，那么商品价格指数是（　　）。

    A. 5.26%　　　　　B. 105%　　　　　　C. 105.26%　　　　D. 5%

9. 某公司报告期增加了很多新员工，为了准确反映全公司职工劳动效率的真实变化，需要编制劳动生产率的（　　）。

    A. 总平均指标指数　　　　　　　　　　　B. 固定构成指数

    C. 结构变动影响指数　　　　　　　　　　D. 职工人数指数

10. 某地区报告年按可比价格计算的工业总产值是基年的 110%，这个相对数属于（　　）。

    A. 工业产值指数　　　　　　　　　　　　B. 工业生产价格指数

    C. 工业生产指数　　　　　　　　　　　　D. 工业生产结构指数

11. 我国深圳 100 指数将基期价格水平定为 1 000。若某周末收盘指数为 1 122，此前一周末收盘指数为 1 100，则表示股票价格水平上涨了（　　）。

    A. 2%　　　　　　　B. 22%　　　　　　　C. 122%　　　　　D. 12.2%

12. 某企业今年三种不同产品的出厂价格分别比去年上涨了 5%、7% 和 12%，今年三种产品的销售额分别为 2 000 万元、2 600 万元和 400 万元，则出厂价格总水平上涨了（　　）。

    A. 8%　　　　　　　B. 6.57%　　　　　　C. 7.96%　　　　　D. 6.6%

13. 某商场报告期商品销售额为 9 000 万元，比基期增加 400 万元，商品销售量指数为 110%，那么价格变动所引起的商品销售额（　　）。

    A. 增加了 400 万元　　　　　　　　　　　B. 减少了 400 万元

    C. 增加了 0 元　　　　　　　　　　　　　D. 减少了 460 万元

14. 拉氏综合数量指数的变形是（　　）。

    A. 基期加权调和平均指数　　　　　　　　B. 基期加权算术平均指数

    C. 报告期加权调和平均指数　　　　　　　D. 报告期加权算术平均指数

15. 派氏综合质量指数的变形是（　　　）。

    A. 基期加权调和平均指数   B. 基期加权算术平均指数

    C. 报告期加权调和平均指数   D. 报告期加权算术平均指数

16. 编制总指数的方法主要是（　　　）。

    A. 综合指数与个体指数   B. 算术平均指数与调和平均指数

    C. 数量指数与质量指数   D. 综合指数与平均指数

17. 利用统计指数进行因素分析的依据是（　　　）。

    A. 综合指数与平均指数   B. 平均指标指数

    C. 同度量因素   D. 指数体系

18. 下列指数中属于数量指数的是（　　　）。

    A. 产品成本指数   B. 商品销售量指数

    C. 销售价格指数   D. 平均工资指数

19. 下列指数中属于质量指数的是（　　　）。

    A. 劳动生产率指数   B. 商品销售量指数

    C. 工业生产指数   D. 产品产量指数

20. 若产品产量指数上升 2%，出厂价格指数下降 2%，则产品产值指数会（　　　）。

    A. 上升   B. 下降   C. 持平   D. 难以判断

四、多项选择题

1. 统计指数具有哪些性质？（　　　）

    A. 综合性   B. 相对性   C. 代表性

    D. 平均性   E. 无偏性

2. 总指数的编制方法有（　　　）。

    A. 派氏综合指数法   B. 基期加权算术平均法

    C. 报告期加权调和平均法   D. 拉氏综合指数法

    E. 其他综合指数法

3. 对于综合指数的同度量因素，其要点有（　　　）。

    A. 相关因素互为同度量因素   B. 指数化因素与同度量因素一成不变

    C. 其时间或空间需要加以固定   D. 其性质要根据相关因素的关系而定

    E. 具有权数作用

4. 某年甲地区按不变价计算的工业总产值是乙地区的 115%，该相对数属于（　　）。

    A. 质量指数　　　　　B. 数量指数　　　　　C. 静态指数

    D. 杨格指数　　　　　E. 综合指数

5. 若某商场某月的综合价格指数为 116%，绝对影响额为 66 万元，说明（　　）。

    A. 商品价格平均上涨了 16%

    B. 价格变动使销售额增长了 16%

    C. 价格变动使销售额增加了 66 万元

    D. 居民购买同样多的商品多支付了 66 万元

    E. 商品价格上涨了 66 万元

6. 平均指数是（　　）。

    A. 个体指数的加权平均数　　　　　B. 计算总指数的一种方法

    C. 一定条件下的综合指数的变形　　D. 先平均、后对比

    E. 先对比、后综合

7. 下列指数中属于质量指数的有（　　）。

    A. 产品成本指数　　　　　　　　　B. 商品销售量指数

    C. 销售价格指数　　　　　　　　　D. 结构变动影响指数

    E. 劳动生产率指数

8. 运用指数体系进行因素分析的前提包括（　　）。

    A. 各因素指数之乘积等于总变动指数

    B. 各因素影响差额之和等于实际发生的总差额

    C. 各因素指数与总指数之间存在因果关系

    D. 各因素之间存在内在经济联系

    E. 各因素互为同度量因素

五、简答题

1. 什么是统计指数？广义指数与狭义指数有什么区别？

2. 如何理解统计指数的作用？

3. 统计指数有哪些性质？

4. 什么是数量指标指数和质量指标指数？试举例说明。

5. 什么是综合指数？有什么编制特点？

6. 什么是同度量因素？它与指数化因素有什么关系？该如何选择同度量因素？试举例说明。

7. 为什么说同度量因素具有一定的权数作用？它与平均指数中的权数有什么区别？

8. 综合指数编制方法主要有那些？它们之间有什么区别？试举例说明。

9. 什么是平均指数？有什么编制特点？

10. 如何理解平均指数与综合指数之间的关系？

11. 什么是平均指标指数？如何对其变动进行分解分析？试举例说明。

12. 结构变动影响指数的数值越小，是否意味着总体结构的变动也越小？什么情况下结构变动影响指数的数值会大于 1？

13. 平均指数与平均指标指数有什么区别？试举例说明。

14. 什么是统计指数体系？有什么作用？

15. 构建统计指数体系的基本原则有哪些？

16. 如何利用统计指数体系进行因素分析？试举例说明。

17. 试举例说明综合指数的应用。

18. 我国的居民消费价格指数是怎么编制的？用到了哪些统计方法？

19. 统计指数是否具有假定性？为什么？

20. 统计指数体系是否具有假定性？为什么？

六、计算题

1. 某商场三种商品报告期、基期的价格与销售量数据如下表所示：

商品名称	计量单位	价格（元）		销售量	
		基期	报告期	基期	报告期
皮鞋	双	220	200	390	420
茶叶	千克	250	300	80	90
棉布	米	50	65	700	600

要求：

（1）分别计算三种商品的价格和销售量的个体指数。

（2）编制该商场商品销售价格总指数，并说明其意义。

（3）编制该商场商品销售量总指数，并说明其意义。

（4）结合总指数编制过程，说明综合指数的特点。

（5）结合总指数编制过程，说明同度量因素是如何起权数作用的。

（6）观察该商场的商品销售额报告期比基期发生了怎样的变化，试利用统计指数体系对这种变化的原因进行分析。

2. 某企业生产两种产品的有关资料如下所示：

产品名称	生产总费用（万元）		第二季度生产成本比第一季度增减（%）
	基期	报告期	
甲	1 600	1 710	-5
乙	2 400	2 400	-4

要求：

（1）计算该企业生产成本变化情况，以及所增减的生产总费用。

（2）对该企业生产总费用变动进行因素分析。

3. 某企业 2004 年、2005 年三种产品的单位成本及产量数据如下表所示：

产品名称	计量单位	单位成本（元）			产量（万件）		
		2004 年	2005 年		2004 年	2005 年	
			计划	实际		计划	实际
甲	只	8	7	6	40	50	52
乙	件	10	8	8	10	12	15
丙	台	17	16	15	8	10	10

要求：

（1）分别编制该企业 2005 年单位成本和产量的计划完成总指数。

（2）观察该企业 2005 年的产品实际总成本比计划总成本发生了什么变化，利用统计指数体系分析发生这种变化的原因。

（3）分别编制该企业 2005 年比 2004 年的单位成本和产量总指数。

（4）观察该企业 2005 年的产品实际总成本比 2004 年的总成本发生了什么变化，利用统计指数体系分析发生这种变化的原因。

4. 某商场报告期、基期三种商品的销售额，以及各种商品的销售量个体指数如下表所示：

商品名称	计量单位	基期销售额（万元）	报告期销售额（万元）	个体销售量指数（%）
甲	米	800	960	105
乙	千克	1 000	990	110
丙	只	400	500	98

要求：

（1）编制该商场商品销售价格总指数。

（2）编制该商场商品销售量总指数。

（3）计算该商场商品销售总额指数，分析商品销售总额变动的原因。

5. 某企业报告期、基期三种产品的销售产值，以及各种产品出厂价格变化情况如下表所示：

产品名称	计量单位	销售产值（万元）		报告期出厂价格比基期增减幅度（%）
		基期	报告期	
甲	米	200	250	+6
乙	千克	400	460	+12
丙	只	550	510	−8

要求：

（1）编制该企业产品出厂价格总指数。

（2）编制该企业产品产量总指数。

（3）分析产品价格变化对企业销售总额变化的影响。

6. 某企业报告期、基期的职工人数和劳动生产率数据如下表所示：

车间	职工人数		劳动生产率（万元/人·年）	
	基期	报告期	基期	报告期
甲	200	190	30	35
乙	180	200	40	42
丙	120	160	45	48

要求：

（1）计算该企业平均劳动生产率指数。

（2）编制该企业劳动生产率的固定构成指数和结构变动影响指数。

（3）利用统计指数体系分析该企业平均劳动生产率变动的原因。

（4）计算该企业总产值指数。

（5）利用统计指数体系分析该企业总产值变动的原因。

7. 某商场两个经营部门某年上半年的商品销售额及各月库存额数据如下表所示：

经营部门	销售额（万元）		月末库存额（万元）						
	1季度	2季度	上年12月	1月	2月	3月	4月	5月	6月
A	7 080	6 800	1 000	1 080	1 100	1 050	980	1 060	950
B	2 500	2 200	350	360	355	320	330	335	320

要求：

（1）分别计算该商场两个经营部门1、2季度的商品流转次数。

（2）计算该商场1、2季度的总商品流转次数。

（3）计算该商场2季度与1季度对比的总商品流转次数指数。

（4）利用统计指数体系分析该商场总商品流转次数变动的原因。

8. 某企业报告期、基期的产品产量、单位产品原材料消耗量与单位原材料价格数据如下表所示：

原材料名称	原材料计量单位	产品产量（万件）		单位产品原材料消耗量		单位原材料价格（元）	
		基期	报告期	基期	报告期	基期	报告期
甲	千克	85	90	21	19	8	9
乙	米	80	90	22	19	8	9

要求：

（1）分别编制该企业产品产量总指数、单位产品原材料消耗量总指数和单位原材料价格总指数。

（2）观察该企业原材料消耗总额的变化情况。

（3）利用统计指数体系分析该企业原材料消耗总额变动的原因。

9. A、B两个同类企业同一年的有关数据如下表所示：

指标名称	A企业	B企业
年平均职工人数（人）	3 500	2 100
其中：专业技术人员数（人）	1 085	798
增加值（万元）	36 500	24 500
产品销售收入（万元）	115 200	72 000
其中：新产品销售收入（万元）	19 600	18 000
能源消耗总量（吨标准煤）	8 450	5 900

要求：从总量、结构、效益等方面对这两个企业的情况进行比较分析。

10. 某地区的全部工业企业分为四个部门，这四个部门的生产量报告期比基期分别增长了8%、10%、12%和15%。已知这四个部门基期增加值的比重分别为28%、32%、22%和18%，问该地区的工业发展速度是多少？

11. 已知某企业报告期三种产品的产值分别是100万元、200万元和260万元，总产值比基期增长了8%，产品价格与基期相比分别为+5%、保持不变和-3%。试计算该企业的产量总指数、价格总指数，以及对企业总产值变化的影响。

12. 某商场报告期销售额为5 000万元，比基期增加了200万元，销售量整体上升了2%，问销售价格总指数是多少？销售量和销售价格变化所引起的销售额分别是多少？

第十章
统计综合评价

本章要点

1．综合评价是利用社会经济现象总体统计指标体系，采用特定的评价模型，对被评价对象多个方面的数量表现进行高度的抽象与综合，转化为综合评价值，进而确定现象优劣水平、类型与次序（名次）的一种统计活动与统计方法。

2．综合评价的类型多种多样。从评价客体的时空纬度来看，可分为纵向评价（动态评价）和横向评价（静态评价）；从综合评价目标来看，可分为实绩评价和预期评价；从综合评价标准来看，可分为绝对评价和相对评价；从评价最终结果的表现形式看，可分为单纯性排序评价、价值排序评价和价值分类评价。

3．统计综合评价活动三个要素构成是评价客体、评价标准和评价模型。评价客体是特定时间、地点之下的一个或者多个可比单位、事物、行为、态度的集合，又称评价对象。评价标准则是判断评价客体价值高低或水平优劣的参照系。评价模型是指将评价客体实际价值水平显化为可直接理解或者解释的"评价结论"这个机制，是综合评价的核心。

4．当量平均法，也称初级平均法或效用函数平均法，它是通过某一当量函数将评价指标体系中的每一指标进行无量纲化处理，求出单项评价值，然后将单项评价值按统计平均方法进行加权合成，求得综合评价值。用一公式可表示当量平均法的核心要件：$y = \xi(y_i, w_i)$。其中，$y_i = f_i(x_i)$ $(i = 1, 2, 3, \cdots, p)$，表示指标 x_i 的价值水平，当量化函数 f_i 把不同度量单位（量纲）与数量级别的指标变为具有相同度量单位（量纲）与数量级别的指标，所以又称"同度量化（无量纲化）函数"，它还表示单项指标的一种效用值，因而也称为"效用函数"；w_i 为指标权数，ξ 为合成函数。

5. 指标权数的构造方法有很多，较为常用的有德尔菲构权法和层次分析构权法（AHP）。德尔菲构权法又称专家构权法，它是通过多次的反馈与修改来实现专家意见逐步趋同，从而获得一组比较满意的反映各个指标重要性程度的统计权数。在评价中，基于互反式判断的层次分析构权法运用得较多，它通过构造 n 个指标的互反式两两判断矩阵，求解各指标的相对权重，并进行一致性检验。若通过检验，则认为所解得的指标权重是合理的。反之，则需要对判断矩阵进行调整。

一、填空题

1. 统计综合评价的要素是_____、_____和_____。

2. 统计综合评价从评价客体的时空纬度来看,可分为_____和_____;从综合评价目标来看,可分为_____和_____;从综合评价标准来看,可分为_____和_____;从评价最终结果的表现形式看,可分为_____、_____和_____。

3. 统计综合评价的结果要么是以_____的形式出现,要么是以_____的形式出现。

4. 统计综合评价方法很多,但主要有_____、_____和_____三大类。

5. 统计综合评价的基本原则是_____、_____和_____。

6. 当量平均评价法的核心要素是_____、_____和_____。

7. 统计综合评价的平均数指数合成模型大致有两类,分别是_____和_____。

8. 统计综合评价中的权数确定方法主要有_____、_____、_____和_____。

二、判断题

1. 评价的过程其实是一个决策的过程。(   )

2. 统计评价一定是定量评价。(   )

3. 单项指标无量纲化处理的目的是消除指标之间的相关性。(   )

4. 评价指标可以分为正指标与逆指标。(   )

5. 相对评价的评价结论是相对于特定的评价对象集的,评价对象集中单位的变动会影响到评价的最终结论。(   )

6. 构造评价权数时,不同的方法是可以混合使用的。(   )

7. 即使 A 矩阵的判断完全一致,由不同方法导出的权数也有可能不同。(   )

8. 检验 AHP 判断矩阵的一致性时,一致性比率 CR 越大,说明判断一致程度越好。(   )

9. 德尔菲构权法是一种主观构权法。(   )

10. 综合指数法与当量平均综合评价法是两种不同类型的评价方法。(   )

三、单项选择题

1. 将评价客体实际价值水平显化为评价结论的机制称为（　　）。

　　A. 评价对象　　　　B. 评价标准　　　　C. 评价模型　　　　D. 评价系统

2. 统计综合评价的最终结果若相当于考试制度中的等级，则这种评价属于（　　）。

　　A. 单纯性排序评价　B. 狭义排序评价　　C. 价值排序评价　　D. 价值分类评价

3. 若先将每一个评价指标进行无量纲化处理得出单项评价值，然后对单项评价值进行加权平均合成综合评价值，这种方法称为（　　）

　　A. 组合指标法　　　B. 当量函数平均法　C. 系统评价法　　　D. 功效系数法

4. 综合评价目标值独立于评价对象集时，称为（　　）。

　　A. 相对评价　　　　B. 绝对评价　　　　C. 组合评价　　　　D. 系统评价

5. 对于综合指数法，当指标实际值大于标准值时，单项指标评价值将（　　）。

　　A. 大于 100%　　　B. 小于 100%　　　C. 等于 100%　　　D. 以上全错

6. 对于直线型功效系数法，单项指标的取值区间是（　　）。

　　A.（-1, +1）　　　B.（0, 1）　　　　C.（$-\infty$, $+\infty$）　　D.（0, $+\infty$）

7. 对于 AHP 构权方法，如果 $a_{ij}=2$，$a_{jk}=3$，$a_{kt}=4/3$，则当判断一致时，a_{ti} 等于（　　）。

　　A. 8　　　　　　　B. 1/8　　　　　　C. 5　　　　　　　D. 1/5

8. 根据 AHP 的习惯，只有当一致性比例 CR 取（　　）时，才能认为判断过程的一致性水平是可以接受的。

　　A. ≥10%　　　　　B. ≥100%　　　　C. ≤10%　　　　　D. ≤5%

四、多项选择题

1. 统计综合评价的基本要素包括（　　）。

　　A. 评价客体　　　　B. 评价时间　　　　C. 评价地点　　　　D. 评价模型

　　E. 评价标准

2. 统计综合评价的原则包括（　　）。

　　A. 目的性原则　　　B. 科学性原则　　　C. 简易性原则　　　D. 可比性原则

　　E. 无误差原则

3. 统计综合评价方法包括（　　　）。

　　A. 组合指标法　　　　B. 当量函数平均法　　C. 价值排序评价法

　　D. 价值分类评价法　E. 系统评价法

4. 统计综合评价结果的表现形式包括（　　　）。

　　A. 单纯性排序评价　B. 价值排序评价　　　　C. 价值分类评价

　　D. 组合指标评价　　E. 综合指数评价

5. 当量平均评价法的核心要素包括（　　　）。

　　A. 指标　　　　　　B. 当量化　　　　　C. 加权　　　　　D. 合成

　　E. 平均

6. 当量平均综合评价法具体包括（　　　）。

　　A. 综合指数法　　　B. 系统评价法　　　　C. 功效系数法

　　D. 标准化系数法　　E. 组合指标法

五、简答题

1. 什么是统计综合评价？有哪些作用？

2. 统计综合评价有哪些类型？

3. 统计综合评价有哪些构成要素？

4. 统计综合评价的基本原则有哪些？为什么？

5. 统计综合评价的基本过程如何？

6. 统计综合评价的技术内容有哪些？

7. 效用函数综合评价方法的基本原理如何？

8. 什么是统计综合评价的综合指数法？

9. 如何确定直线型功效分数的公式？取值含义是什么？

10. 什么是德尔菲构权法？如何评价？

11. 什么是层次分析构权法？如何评价？

12. 什么是环比构权法？如何评价？

13. 什么是分层构权法？如何评价？

14. 什么是 AHP 判断矩阵一致性？其检验的方法有哪些？

15. 你对统计综合评价有什么改进意见或建议？

六、计算题

1. 全国 2001 年部分省市城镇居民生活质量指标（主要部分）如下表所示：

省市	人均可支配收入（元/人）	人均居住面积（平方米/人）	人口文盲率(%)	人均公共绿地面积（平方米/人）	教育文化娱乐支出所占比重（%）	户均电视机拥有台数（台/户）
北京	11 577.7	21.03	4.93	9.9	16.017	1.49
天津	8 958.7	19.09	6.47	6.0	12.838	1.34
河北	5 984.82	22.29	8.59	6.9	11.118	1.16
上海	12 883.5	24	6.21	5.9	14.564	1.54
江西	5 506.02	22.81	6.98	6.3	12.537	1.08
四川	6 360.47	28.25	9.87	5.1	13.037	1.23
浙江	10 462.7	35.04	8.55	9.4	13.394	1.50
广东	10 451.2	20.36	5.17	12.1	11.875	1.40

要求：

（1）以样本资料中的"最优值"作为标准值，计算各省市单项指标的指数值。

（2）表中各指标的重要性权数分别取为 25%、15%、10%、15%、20%、15%，采用加权算术平均合成法计算各省市城镇居民生活质量的综合指数值，并做出排序结论。

2. 设 A、B 两企业的经济效益指标如下表所示：

评价指标	权数	不容许值	满意值	A 企业	B 企业
人均增加值（万元/人）	30	35	55	40	50
增加值率（%）	25	70	80	80	82
资金利润率（%）	45	20	30	35	30

要求：

（1）应用直线型功效系数法，列表计算每一个企业单项指标的功效系数 d_i、功效分数 F_{di}。

（2）采用平方平均法、几何平均法、算术平均法计算平均功效系数 d 及平均功效分数 FD，并比较它们之间的差异。

3. 设有如下的 AHP 比例判断矩阵：

$$A=\begin{pmatrix} 1 & 2 & 5 & 8 \\ 1/2 & 1 & 2 & 4 \\ 1/5 & 1/2 & 1 & 3 \\ 1/8 & 1/4 & 1/3 & 1 \end{pmatrix}$$

要求：

（1）采用行和法计算重要性权数。

（2）采用方根法计算重要性权数。

（3）根据（1）的结果计算该判断矩阵的一致性水平。

4. 设有如下的 AHP 判断矩阵：

	指标 A	指标 B	指标 C
指标 A	＿＿＿	＿＿＿	＿＿＿
指标 B	2	＿＿＿	＿＿＿
指标 C	3	1.5	＿＿＿

要求：

（1）填写上面的空缺数据。

（2）分别采用"行和法""方根法"和"和积法"求相对权重，并计算说明该判断矩阵。

第十一章
非参数统计方法

本章要点

1．非参数统计方法，又称为自由分布的方法，它适用于总体分布形式未知或对总体分布形式知之甚少的情况，对总体的某些性质进行统计估计或假设检验。非参数统计方法的优点在于：可以广泛地利用各种尺度的变量，不需要参数统计那么严格的假定，不需要检验总体的参数，且在样本不大的情况下使用方便。

2．广义的非参数统计方法具有以下一些特点：在利用样本资料对总体进行估计或检验时，不必依赖总体的分布形式；它与总体分布所具有的参数无关，所以通常不需要对总体参数进行估计或检验；它对变量的量化要求很低，不论品质标志还是数量标志，都可以采用非参数统计方法进行估计或检验。

3．按照样本（变量）的多少及样本之间的相关情况，非参数统计方法可分为：单样本非参数统计方法、两个相关样本非参数统计方法、两个独立样本非参数统计方法、多个相关样本非参数统计方法、多个独立样本非参数统计方法。

4．单样本非参数统计方法主要研究某一变量的分布或水平是否与某一总体的分布或水平一致，常用的单样本非参数统计方法有：柯尔莫哥洛夫—斯米尔诺夫检验（*Klmogorov-Smirnov*，简记 *K-S* 检验）、单样本检验、卡方拟合优度检验、二项分布检验、偏度—峰度检验、单样本游程检验等。

5．两个相关样本非参数统计方法主要通过对两个经过"配对"设置的样本，用于研究某一现象在两种不同情况下的差异情况，常用的两个相关样本非参数统计方法有：麦克勒玛检验、符号检验、威尔克逊对符秩检验等。

6．两个独立样本非参数统计方法主要用于检验两个独立抽取的样本是否来自某同一分布总体（如同一中位数、均值或分布形式等），常用的有"中位数检验"、曼—惠特尼 U 检验（或威尔克逊 W 检验）、阿尔莫哥洛夫—斯米尔诺夫检验（也记为 $K\text{-}S$ 检验）、$W\text{-}W$ 游程检验、Fisher 精确概率检验、卡方检验（列联表）、Moses 极端反应检验、逆转数检验等。

7. 多个相关样本非参数统计方法主要用于研究经过"配对"的两个以上变量（样本）之间的差异情况，常用的检验方法有：柯克伦 Q 检验、弗里德曼双向评秩方差分析、肯德尔协和系数 W 检验等。

8. 多个独立样本的非参数统计方法主要用于检验两个以上的变量（样本）是否来自同一总体，常用的方法有：推广中位数检验、克鲁斯卡—瓦里斯单向评秩方差分析（H 检验）、卡方列联表检验等。

一、填空题

1. _____也称为自由分布统计，它不必依赖于总体的_____。

2. 非参数统计方法主要有_____、_____、_____、_____和_____。

3. 若要检验客观现象是否服从于某种理论假设或检验某种理论假设是否正确，应该采用_____。

4. 柯尔莫哥洛夫—斯米尔诺夫检验（K-S 检验）也是一种_____，且比_____更为精确。

5. 单样本游程检验主要用来检验样本的_____。

6. 若要检验两个独立样本是否来自具有相同均值的总体，则一般需要采用_____，又称_____。

二、判断题

1. 在检验效果上，非参数检验一定比参数检验有效。（　　）

2. 对两个具有相关关系的样本进行检验就是两个相关样本非参数统计检验。（　　）

3. 威尔克逊配对符秩检验既考虑了配对内差异方向的信息，又考虑了差异的相对大小。（　　）

4. K-S 检验不仅适用于对连续型分布的检验，也适用于对离散型分布的检验；而卡方适应性检验仅适用于对离散型分布的检验。（　　）

5. 弗里德曼双向评秩方差分析对变量尺度的要求比柯克伦 Q 检验要高。（　　）

6. 柯尔莫哥洛夫—斯米尔诺夫检验比卡方拟合优度检验更有效。（　　）

7. 非参数统计一般不对总体所特有的参数进行估计或检验。（　　）

8. 非参数统计方法具有经济、简单、适用面广等特点。（　　）

三、单项选择题

1. 下列哪种非参数统计检验方法适用于两个相关样本？（　　）
   A. 柯尔莫哥洛夫—斯米尔诺夫检验　　　B. 曼—惠特尼 U 检验
   C. 威尔克逊配对符秩检验　　　　　　　D. 游程检验

2. 在下列检验方法中，要求变量具备定距尺度性质的是（　　）。

    A. χ^2 拟合优度检验　　　　　　　　B. 符号检验

    C. 游程检验　　　　　　　　　　　　D. 威尔克逊配对符秩检验

3. 为检验某种药品的临床效果，下列哪种方法是不适用的？（　　）

    A. Mc-Nemar 检验　　　　　　　　　B. 符号检验

    C. 威尔克逊配对符秩检验　　　　　　D. 游程检验

4. 若用非参数统计方法检验某变量（样本）是否来自于某特定总体，属于（　　）。

    A. 两个相关样本非参数检验　　　　　B. 单样本非参数检验

    C. 两个独立样本非参数检验　　　　　D. 符号检验

5. 若用非参数统计方法检验两个变量之间有无差异而不关注差异大小，应该采用（　　）。

    A. Mc-Nemar 检验　　　　　　　　　B. 符号检验

    C. 威尔克逊配对符秩检验　　　　　　D. 游程检验

四、多项选择题

1. 非参数统计的特点包括（　　）。

    A. 不依赖总体分布形态　　　　　　　B. 通常不对总体参数进行估计或检验

    C. 对变量的量化要求高　　　　　　　D. 对变量的量化要求低

    E. 主要用于估计或检验总体参数

2. 常用的单样本非参数统计方法包括（　　）。

    A. 柯尔莫哥洛夫—斯米尔诺夫检验　　B. 卡方拟合优度检验

    C. 二项分布检验　　D. 偏度—峰度检验　　E. 单样本游程检验

3. 两个相关样本非参数统计方法主要有（　　）。

    A. 麦克勒玛检验　　B. 符号检验　　　　C. 二项分布检验

    D. 威尔克逊配对符秩检验　　　　　　E. 卡方拟合优度检验

4. 两个独立样本非参数统计方法主要有（　　）。

    A. 中位数检验　　B. 曼—惠特尼 U 检验（或威尔克逊 W 检验）

    C. K-S 检验　　D. W-W 游程检验　　E. $Fisher$ 精确概率检验

5. 多个相关样本非参数统计方法主要有（　　）。

    A. 柯克伦 Q 检验　　　　　　　　　B. 弗里德曼双向评秩方差分析

    C. 肯德尔协和系数 W 检验　　　　　D. W-W 游程检验

    E. 二项分布检验

五、简答题

1. 什么是非参数统计？有什么优点与作用？

2. 与参数统计相比，非参数统计有何特点？

3. 常用的非参数统计方法有哪些？试举例说明。

4. 试述 χ^2 拟合优度检验的基本思路。

5. 试析符号检验和威尔克逊配对符秩检验的不同之处。

6. 试析柯克伦 Q 检验和弗里德曼双向评秩方差分析的异同点。

六、计算题

1. 某食品生产企业为了解消费者对本企业生产的某一产品的包装设计的喜爱情况，调查了 15 位消费者，调查资料如下表所示：

包装类型	消费者															合计
	1	2	3	4	5	6	7	8	9	10	11	12	13	14	15	
纸盒包装	1	1	0	0	1	1	1	0	1	0	1	0	0	1	0	8
塑料袋装	0	0	0	1	1	1	0	0	1	1	1	1	1	0	1	9
玻璃瓶装	0	1	1	0	1	0	1	0	1	0	0	1	1	0	1	8
合计	1	2	1	1	3	2	2	0	3	1	2	2	2	1	2	25

注：表中 1 表示爱好，0 表示不爱好。

　试采用柯克伦 Q 检验，说明消费者对几种包装的喜好有无显著差异。

2. 为了研究人们对互联网的好恶观点是否与性别相互独立，在某地区进行了抽样调查，共调查了 200 人，调查数据如下表所示：

性别　　　　对互联网的好恶	喜欢	不喜欢	合计
男性	56	41	97
女性	48	55	103
合计	104	96	200

　试采用 χ^2 拟合优度检验方法，分析性别与对互联网的好恶是否相互独立。

3. 某大学为了验证其新的科研奖励方法是否有效，在新的科研奖励方法实施之前，进行了调查，抽取了 20 人；并且在新的科研奖励方法实施后，对这 20 个教师也进行了调查，得到如下数据：

被调查者	新测评办法	旧测评办法	被调查者	新测评办法	旧测评办法
1	80	75	11	92	98
2	85	90	12	88	80
3	82	80	13	82	78
4	75	75	14	80	80
5	80	76	15	75	78
6	68	71	16	76	75
7	83	80	17	83	80
8	90	80	18	76	72
9	87	85	19	77	75
10	75	85	20	65	80

检验新的科研奖励方法是否有效（注：表中分数表示被调查者的评分）。

第二部分

习题参考答案

第一章
总论

一、填空题

1. 统计活动；统计数据；统计学

2. 为何统计；统计什么；如何统计

3. 古典统计学时期；近代统计学时期；现代统计学时期

4. 国势学派；政治算术学派；国势学派；国家显著事项；康令；阿亨瓦尔

5. 威廉·配第；《政治算术》；约翰·格朗特；《关于死亡表的自然观察和政治观察》

6. 大数法则；概率论；数理统计学派；社会统计学派；凯特勒；误差理论；平均人思想；社会科学；恩格尔系数

7. 数理统计学；卡尔·皮尔逊；戈赛特；费希尔

8. 现象的数量方面

9. 数量性；总体性；差异性；方法性；层次性；通用性；描述性；推断性

10. 定性数据；定量数据；定类数据；定序数据；定距数据；定比数据

11. 绝对数；相对数；平均数；观测数据；试验数据；原始数据；次级数据；时序数据；截面数据；平行数据

12. 结构化数据；非结构化数据

13. 有名数；无名数；结构相对数；比例相对数；比较相对数；动态相对数；强度相对数；计划完成程度相对数

14. 大量观察法；统计分组法；综合指标法；统计推断法；统计模型法

15. 总量指标；相对指标；平均指标

16. 大量性；同质性；差异性

17. 具体总体；抽象总体；自然总体；人为总体

18. 研究域；子总体

19. 品质标志；数量标志；可变标志；不变标志

20. 定性变量；定量变量；定类变量；定序变量；定距变量；定比变量；确定性变量；随机性变量；离散型变量；连续型变量

21. 个体

22. 指标名称；指标数值；指标名称；计算方法；空间限制；时间限制；具体数值；计量单位

23. 总体指标；样本指标；数量指标；质量指标；静态指标；动态指标

24. 相对指标；平均指标

25. 数学等式关系；相互补充关系；相关关系；条件、原因、结果关系

26. 样本指标；总体指标

二、判断题

1. 对；2. 错；3. 对；4. 错；5. 对；6. 对；7. 错；8. 对；9. 对；10. 错；11. 对；12. 对；13. 错；14. 错；15. 错；16. 对；17. 错；18. 对；19. 错；20. 对；21. 错；22. 对；23. 错；24. 对；25. 对；26. 对

三、单项选择题

1．B；2．B；3．C；4．B；5．C；6．D；7．D；8．C；9．C；10．C；11．B；12．A；13．D；14．D；15．C；16．C；17．D；18．D

四、多项选择题

1．BDE；2．BDE；3．CE；4．BCE；5．AC；6．ACDE；7．ABCDE；8．ABCD；9．ABCDE；10．ACDE

五、简答题

略。

六、计算题

产量＼企业名	上年实际产量（吨）	本年计划		本年实际		本年计划完成程度（%）	本年实际增长程度（%）
		产量（吨）	比重（%）	产量（吨）	比重（%）		
甲	90	100	20	110	22.09	111.11	22.22
乙	131.30	150	30	151	30.32	100.67	15
丙	230	250	50	237	47.59	94.50	3.04
合计	451.3	500	100	498	100	99.60	10.35

表中包含了比重相对数、计划完成程度相对数和动态相对数。

第二章

统计数据的收集、整理与显示

一、填空题

1. 准确性；及时性；完整性

2. 所要研究的现象总体；观测标志的承担者（或者现象总体中的个体）

3. 统计调查

4. 问卷

5. 普查；抽样调查；重点调查；抽样调查

6. 普查；人口普查；经济普查

7. 概率抽样；非概率抽样；随机

8. 随机原则；以部分推断总体；概率估计；大数定律；中心极限定理；抽样误差

9. 重复抽样；不重复抽样

10. 简单随机抽样；等距抽样；分层抽样；整群抽样；多阶段抽样

11. 等距抽样

12. 非概率抽样；任意抽样；典型抽样；定额抽样；流动总体抽样

13. 普查；抽样调查；典型调查；统计推算

14. 均衡分散性原则；整齐可比性原则；完全随机试验；随机区组试验；拉丁方
    试验；正交试验

15. 观测性误差；登记性误差；调查性误差

16. 观测性误差；代表性误差；观测性误差；系统性代表性误差；偶然性代表性误差
    （偶然性误差、抽样误差）；观测性误差；系统性代表性误差

17. 最低标志值；最低的累计标志值比重

18. 目录抽样法

19. 引言；被调查者基本情况；问题；答案；开放式问题；封闭式问题；半封闭半开放式问题

20. 分组标志的选择；分组界限的确定

21. 穷尽；互斥

22. 单项式数列；组距式数列；组限；组中值；上组限不在内

23. 上限以下；下限以上

24. 10；等距分组

25. 3A-2B；2A-B

26. 频数密度；频率密度；频数；频率；组距

27. 总标题；横行标题；纵栏标题；指标数值；主词；宾词

28. 直方图；折线图；曲线图；J形曲线；钟形曲线；U形曲线；J形

二、判断题

1. 错；2. 对；3. 错；4. 错；5. 对；6. 错；7. 错；8. 错；9. 错；10. 对；11. 错；12. 错；13. 错；14. 错；15. 错；16. 错；17. 错；18. 对；19. 错；20. 对

三、单项选择题

1. A；2. C；3. C；4. A；5. B；6. C；7. B；8. A；9. D；10. D；11. C；12. C；13. B；14. A；15. B；16. C；17. B；18. B

四、多项选择题

1. ACDE；2. BCDE；3. ABD；4. ABC；5. ACDE；6. ABCD；7. ABCD；8. BCDE；9. ABCE；10. ACE

五、简答题

略。

六、计算题

（1）频数分布数列和频率分布数列：

按加工零件数分组	频数分布数列（人）	频率分布数列（%）
100～110 个	3	5.45
110～120 个	13	24.64
120～130 个	24	43.64
130～140 个	10	18.18
140～150 个	4	7.27
150～160 个	1	1.82

（2）向上、向下累计频数分布数列和累计频率分布数列：

按加工零件数分组	向上累计		向下累计	
	频数（人）	频率（%）	频数（人）	频率（%）
100～110 个	3	5.45	55	100.00
110～120 个	16	30.09	52	95.55
120～130 个	40	73.73	39	70.91
130～140 个	50	91.91	15	27.27
140～150 个	54	99.18	5	9.09
150～160 个	55	100.00	1	1.82

（3）直方图/折线图：

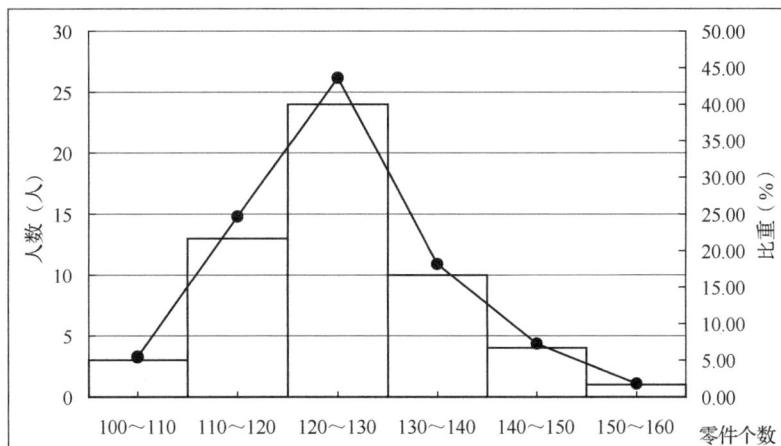

直方图/曲线图：

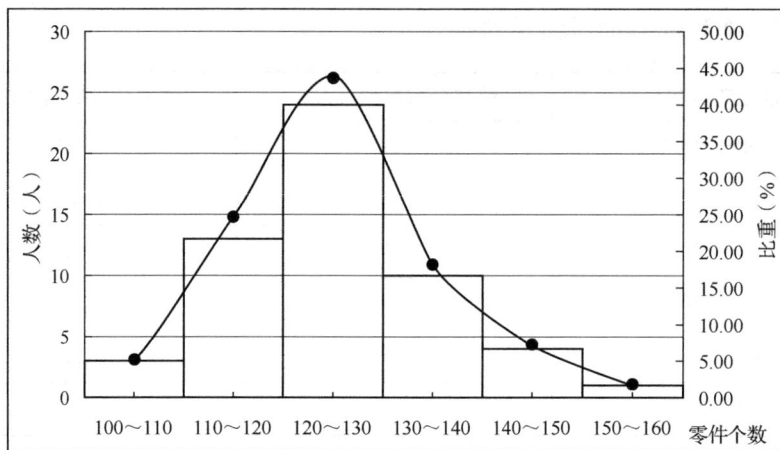

箱形图：

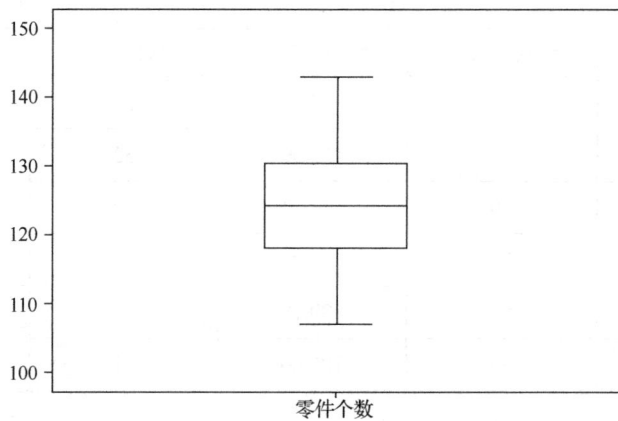

累计分布曲线图：

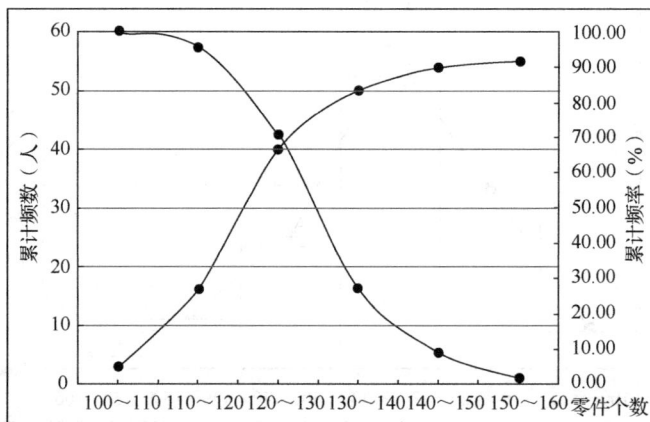

（4）分布特征：

集中趋势：工人日平均加工零件 124.78 个，中位数为 124 个，众数为 122 个（存在多个众数，显示最小值）。

离中趋势：工人日加工零件最大值为 150 个，最小值为 107 个，全距为 43 个。上四分位数为 118 个，下四分位数为 131 个。方差为 92.84，标准差为 9.64。

分布形状：偏度系数为 0.345，说明工人加工零件数分布为正偏分布，但偏度不大。

峰度系数为 2.837，说明工人加工零件数分布的峰度为轻微的平顶峰度。

（变量分布特征的描述详见第三章）

七、实践题

略。

第三章
变量分布特征的描述

一、填空题

1. 集中趋势；离中趋势；分布形状

2. 趋中性；平均指标；平均数；数值平均数（计算平均数）；位置平均数

3. 算术平均数；调和平均数；几何平均数；众数；中位数

4. 频数；频率

5. 离散指标；变异指标；标志变动度指标；全距（极差）；四分位差；异众比率；平均差；标准差；离散系数

6. 内距；四分间距；第一四分位数；第三四分位数

7. 对称性；陡峭性；偏度系数；峰度系数

8. 离差的总和为 0；离差平方的总和为最小值

9. 算术平均数；0；方差

10. 算术平均数；调和平均数；几何平均数

11. p；pq；$\sqrt{pq}$；$\sqrt{\dfrac{q}{p}}$

12. 7 307.80

二、判断题

1. 错；2. 对；3. 对；4. 错；5. 对；6. 错；7. 对；8. 错；9. 错；10. 对；11. 错；

12. 错；13. 错；14. 错；15. 对；16. 对；17. 错；18. 对；19. 对；20. 错；21. 错；

22. 错 23. 对

三、单项选择题

1. D；2. D；3. B；4. C；5. C；6. B；7. C；8. C；9. B；10. C；11. D；12. A；
13. C；14. C；15. C；16. D；17. D；18. D；19. C；20. B

四、多项选择题

1. ABCE；2. ABCE；3. CDE；4. BC；5. ADE；6. BDE；7. BD；8. BC；9. ABC；
10. ABE

五、简答题

略。

六、计算题

1. 平均速度是 109.09 千米/小时。

2. 买者占便宜。若大、小鲫鱼分别按各自价格买一条，买者应付 11 元，平均价格是 16.92 元/千克；合在一起按 16 元/千克买，买者实付 10.4 元，便宜了 0.6 元。原因 在于鲫鱼重量所起的权数作用。

3. 每款都购买 3 千克，则平均价格是 12 元/千克；每款都购买 40 元，则平均价格是 11.08 元/千克。区别在于前者采用算术平均数，后者采用调和平均数。

4. 甲的平均速度是 248 千米/小时，乙的平均速度是 251 千米/小时，乙跑得更快。

5. （1）平均每个企业的利润额为 203.70 万元。

   （2）全公司的平均资金利润率为 13.08%（注意应用绝对数权数和相对数权数在计 算形式上的区别）。

6. （1）该企业该月平均每个车间的总产量为 3 516.67 件，这属于简单算术平均数。

   （2）该企业该月的人均产量为 104.46 件，这属于加权调和平均数。

7. 三个企业的平均销售利润率为 12.30%。

8. 该公司平均的流通费用率为 7.83%。

9. 平均合格率是 97.39%。

10. （1）全厂总合格率、平均合格率和平均废品率分别是 92.17%、97.32% 和 2.68%。

    （2）全厂总合格率、平均合格率和平均废品率分别是 97.31%、97.31% 和 2.69%。

    （3）全厂总合格率、平均合格率和平均废品率分别是 97.38%、97.38% 和 2.62%。

11. （1）算术平均数 $\bar{x}=76.304\,3$；四分位数 $Q_L=70.681\,8$，$Q_M=75.909\,1$，$Q_U=82.5$；

    众数 $m_o=75.38$。

    （2）全距 $R=50$，平均差 $A.D.=7.03$，四分位差 $Q_d=11.82$，异众比率 $V_r=51.11\%$，

    方差 $s^2=89.60$，标准差 $s=9.465\,9$。

    （3）偏度系数 $S_k^{(1)}=0.097\,7$，$S_k^{(2)}=0.115\,4$，$S_k^{(3)}=0.045\,4$。

    （4）峰度系数 $\beta=2.95$。

    （5）$V_{s\,甲}=12.41\%$，$V_{s\,乙}=12.5\%$。甲班平均成绩更有代表性。

    （注：计算标准差时分母是 n，还是 $n-1$，结果不一样。）

12. 中位数为 61.67，属于负偏。

13. 小号、中号和大号三款校服大概应分别准备 544 套、128 套、128 套。

14. 甲、乙、丙三位同学该三门课程的标准化成绩的总和分别为 1.27、0.52 和 1.63，

    所以，丙同学更具有竞争优势。

15. （1）标准差系数是 3.33%。

    （2）方差是 25，标准差是 5。

    （3）方差是 225。

    （4）合格率是 9%，相应的方差是 8.19%。

第四章

抽样估计

一、填空题

1. 样本观测结果；总体数量特征

2. 总体分布；总体参数；总体均值；总体方差（总体标准差）

3. 样本分布；样本统计量；样本均值；样本方差（样本标准差）

4. 样本统计量的概率分布；样本统计量的所有可能取值；与之相应的概率；总体分布；样本容量；抽样方法；抽样组织形式；估计量构造

5. $E(\hat{\theta}) = \sum \hat{\theta}_i \pi_i$；$V(\hat{\theta}) = \sum [\hat{\theta}_i - E(\hat{\theta})]^2 \pi_i$

6. 正态分布

7. 抽样误差；非抽样误差；抽样误差；抽样实际误差；抽样标准误；抽样极限误差

8. 抽样标准误；抽样估计概率保证程度（置信水平）

9. 无偏性；有效性；一致性；充分性

10. 点估计；区间估计

11. 分层抽样；等距抽样；简单随机抽样；多阶段取抽样；整群抽样

12. 准确性检查

13. 置信度；精确度

二、判断题

1. 错；2. 错；3. 错；4. 对；5. 错；6. 对；7. 对；8. 错；9. 错；10. 错；11. 对；

12. 对；13. 对；14. 错；15. 错；16. 错；17. 错；18. 对；19. 错；20. 对

三、单项选择题

1. C；2. B；3. A；4. B；5. D；6. C；7. B；8. C；9. C；10. C；11. B；12. D

四、多项选择题

1. ABCDE；2. ABCDE；3. ABCDE；4. BCE；5. ACD；6. AC；7. ABCDE

五、简答题

略。

六、计算题

1.（1）样本均值的抽样分布为：

$\bar{x}_i$：　3　　　3.67　　4.33　　5　　　5.67　　6.33　　7

π_i：0.1　　0.1　　0.2　　0.2　　0.2　　0.1　　0.1

（2）样本均值抽样分布的期望：$E(\bar{x})=5$；方差：$V(\bar{x})=1.33$。

（3）抽样标准误：$SE(\bar{x})=1.154\ 7$。

（4）概率保证程度 95% 时的抽样极限误差：$\Delta=2.263\ 2$。

（5）若抽中的三个数字是 1、7、9，则 95% 概率保证的总体均值的置信区间为（3.403 5，7.929 9）。

2. 重复抽样时样本中红色卡片比例的抽样分布为：

p_i：　0　　　0.25　　0.5　　　0.75　　　1

π_i：0.030 1　0.168 8　0.354 5　0.330 8　0.115 8

不重复抽样时样本中红色卡片比例的抽样分布为：

p_i：　0　　　0.25　　0.5　　　0.75　　　1

π_i：0.010 1　0.141 4　0.424 2　0.353 5　0.070 7

3.（1）$\bar{x}=56.07$（元），$s=28.74$（元），$se(\bar{x})=5.20$（元），$\Delta=10.19$（元），以 95% 的概率保证程度估计该校学生该月平均支出额为 45.88～66.26 元。

（2）$p = 26.67\%$，$se(p) = 8.14\%$，$\Delta = 15.95\%$，以同样的概率保证程度估计该校学生该月支出额超出 70 元的人数为 187~739 人。

（3）所需的样本量为：$n = 73$（人）。

4．（1）该地区拥有私人汽车的家庭比例为：$p = 11.43\%$，抽样标准误差：$se(p) = 1.47\%$。

（2）所需的样本量为：$n = 156$（户）。

5．（1）甲种疾病调查所需样本量为 30，乙种疾病调查所需样本量为 19。

（2）最终所需样本量为 30。

6．略。

7．（1）$N = 844$，$W_1 = 0.3$，$W_2 = 0.5$，$W_3 = 0.2$；$\bar{x}_1 = 11.2$，$\bar{x}_2 = 25.5$，$\bar{x}_3 = 26$；$s_1 = 9.12$，$s_2 = 17.39$，$s_3 = 29.14$；估计该小区居民户购买彩票的平均支出为：$\bar{x}_{st} = 21.31$（元），抽样标准误差为：$se(\bar{x}_{st}) = 3.38$（元）。

（2）当概率保证程度为 95%，要求极限误差不超过 6 元时，按比例分配所需的样本量为：$n = 36$，其中 $n_1 = 11$，$n_2 = 18$，$n_3 = 7$；Neyman 分配所需的样本量为：$n = 31$，其中 $n_1 = 5$，$n_2 = 16$，$n_3 = 10$。

8．（1）估计该市居民在家吃年夜饭的比例为：$p_{st} = 92.40\%$；抽样标准误差为：$se(p_{st}) = 1.99\%$。

（2）当概率保证程度为 95%，要求极限误差不超过 1% 时，按比例分配所需的总样本量为：$n = 2\,755$；各层的样本量分别为：496、579、386、248、440 和 606。Neyman 分配所需的总样本量为：$n = 2\,654$；各层的样本量分别为：555、538、431、314、410 和 406。

9．根据题意可猜测该单位职工的总离职意愿为 $\hat{P} = 0.28$，$\hat{P}(1 - \hat{P}) = 0.2016$，$\sum W_i P_i (1 - P_i) = 0.186$；如果不考虑有限总体校正系数，那么采用按比例分配的分层抽样时，与样本量为 100 的简单随机样本具有相同抽样标准误所需的样本量应为：$n = 93$。

10．（1）样本各群的均值 $\bar{x}_i$ 分别为：1 039.1、1 059、1 056.1、1 072、1 085.6、1 033.7、1 043.7 和 1 049；样本群间方差为：$s_b^2 = 301.765$；估计灯泡平均耐用时数为：$\bar{x}_{cs} = 1\,054.78$（小时），抽样标准误差为：$se(\bar{x}_{cs}) = 6.13$（小时）。

（2）如果将以上数据视为从 20 000 个灯泡中按简单随机抽样直接抽取的，估计平均耐用时数为：$\bar{x} = 1\,054.78$（小时），抽样标准误差为：$se(\bar{x}) = 7.91$（小时）；抽样效果方面，整群抽样优于简单随机抽样。

11．$R = 1\,000$，$r = 10$，$M = 6$，$m = 3$，$f_1 = 0.01$，$f_2 = 0.5$。各调查寝室的样本比例分别为：66.67%、0、33.33%、66.67%、33.33%、33.33%、0、33.33%、33.33% 和 0；可

估计该高校拍摄过个人艺术照的女生的比例为：p_{ts}=30%。

$s_{pb}^2 = 0.060\,5$，$s_{p2}^2 = 0.233\,3$；抽样标准误为：$se(p_{ts}) = 7.76\%$；具有 95%概率保证程度的置信区间为：（14.79%，45.21%）。

12. R=160，r=40，M=9，m=3，f_1=0.25，f_2=0.333 3。40 个调查的小地块中，有病害植物的样本比例为：22 个 0%，11 个 33.33%，4 个 66.67%，3 个 100%；可估计该 160 个小地块上有病害的植物的比例为：p_{ts}=23.33%。

$s_{pb}^2 = 0.098$，$s_{p2}^2 = 0.125$；抽样标准误为：$se(p_{ts}) = 4.48\%$；具有 90%概率保证程度的有病害植物的比例的置信区间为：（15.98%，30.68%）。

第五章

假设检验

一、填空题

1. 显著性检验；总体参数；总体分布形态；样本；概率；原假设；系统性差异

2. 总体均值（或总体成数、总体方差等）等于（或大于、小于）某一数值；总体相关系数等于 0；两总体均值（或两总体成数、两总体方差）相等；总体分布服从正态分布

3. 双侧检验；单侧检验

4. 原假设；备择假设

5. 显著性水平；临界值规则；P-值规则；样本数据与原假设值之间的差距；样本容量；总体分布标准差；给定的显著性水平

6. 以真为假；弃真；α 错误；以假为真；纳伪；β 错误

7. 概率 $1-\beta$；1；0

8. 犯第一类错误的概率 α；犯第二类错误的概率 β 尽量小

二、判断题

1. 错；2. 对；3. 错；4. 对；5. 对；6. 对；7. 错；8. 对；9. 错；10. 错；11. 错；12. 错；13. 对；14. 错；15. 错

三、单项选择题

1.（1）B；（2）B；（3）B；（4）C；（5）A；2. A；3. B；4. A；5. B；6. A

四、多项选择题

1. ABCD；2. ACD；3. ABCD；4. ABCDE；5. ACD

五、简答题

略。

六、计算题

1. 双侧检验问题。H_0：$\bar{X}=5$；H_1：$\bar{X}\neq5$。

临界值规则：$|Z|$=3.182，$Z_{\frac{0.05}{2}}=1.96$，$|Z|>Z_{\frac{0.05}{2}}$，拒绝 H_0 而接受 H_1，即该批元

件的厚度不符合规定的要求。

P–值规则：与 3.182 相对应的 P–值为 0.000 7，小于 $\frac{0.05}{2}=0.025$，拒绝 H_0 而接受

H_1，即该批元件的厚度不符合规定的要求。

2. 双侧检验问题。H_0：$\bar{X}=5.2$；H_1：$\bar{X}\neq5.2$。

临界值规则：$|Z|$=5.17，$Z_{\frac{0.05}{2}}=1.96$，$|Z|>Z_{\frac{0.05}{2}}$，拒绝 H_0 而接受 H_1，即该天生产

的保健品的某维生素含量不处于产品质量控制状态。

3. 左单侧检验问题。H_0：P=95%；H_1：$P<95$%。

临界值规则：P=93.33%，Z=-0.508 8，$-Z_{0.05}=-1.64$，$Z>-Z_{0.05}$，接受 H_0，外商

应该接受该批皮鞋。

4. 建立假设：H_0：$\bar{X}=12$；H_1：$\bar{X}<12$。

由样本均值 $\bar{x}=11.89$ 和总体标准差 $S=0.3$，可计算得检验统计量 Z 值为：

$$Z=\frac{\bar{x}-\bar{X}}{S/\sqrt{n}}=\frac{11.89-12}{0.3/\sqrt{25}}=-1.83$$

临界值规则：在显著性水平 $\alpha=0.05$ 的前提下，$-Z_\alpha=-1.64$，$Z<-Z_\alpha$，落入了

拒绝域，因此要拒绝 H_0：$\bar{X}=12$，而要接受 H_1：$\bar{X}<12$，表明新的教学训练方

法已经使男生 100 米跑的成绩明显提高了。

P–值规则：通过查阅标准正态分布表可知 Z 值小于-1.83 的概率 P=1-0.966 38=

0.033 62，而 $\alpha=0.05$，$P<\alpha$，所以拒绝原假设，结论相同。

5. 左单侧检验问题。H_0：P=80%；H_1：$P<80$%。

临界值规则：P=73%，Z=-2.47，$-Z_{0.05}=-1.64$，$-Z_{0.01}=-2.33$，$Z<-Z_{0.05}$，$Z<-Z_{0.01}$，

无论是在 0.05 还是 0.01 的显著性水平下都拒绝 H_0 而接受 H_1，即该研究机构的猜

测不成立。

6. 双侧检验问题。H_0：$\bar{X}=150$；H_1：$\bar{X}\neq 150$。

临界值规则：$\bar{X}=153.3$，$s=6.2548$，$|t|=1.67$，$t_{\left(\frac{0.05}{2},9\right)}=2.26$，$|t|<t_{\left(\frac{0.05}{2},9\right)}$，接受 H_0，即可认为该广告真实可信。

7. 双侧检验问题。H_0：$\bar{X}_1=\bar{X}_2$；H_1：$\bar{X}_1\neq\bar{X}_2$。

临界值规则：$|Z|=5.01$，$Z_{\frac{0.05}{2}}=1.96$，$|Z|>Z_{\frac{0.05}{2}}$，拒绝 H_0 而接受 H_1，即可以认为两厂生产的材料平均抗压强度有显著差异。

8. 右单侧检验问题。H_0：$P_1=P_2$；H_1：$P_1>P_2$。

临界值规则：$P_1=20.98\%$，$P_2=9.7\%$，$\hat{p}=16.52\%$，$Z=2.73$，$Z_{0.05}=1.64$，$Z>Z_{0.05}$，拒绝 H_0 而接受 H_1，即调查数据能支持"吸烟容易患慢性支气管炎"的观点。

P-值规则：与 2.73 相对应的 P-值约为 0.003，小于 0.05，拒绝 H_0 而接受 H_1，即调查数据能支持"吸烟容易患慢性支气管炎"的观点。

9. 右单侧检验问题。H_0：$\bar{X}_1=\bar{X}_2$；H_1：$\bar{X}_1>\bar{X}_2$。

临界值规则：$t=1.76$，$t_{(0.05,48)}=1.677$，$t>t_{(0.05,48)}$，拒绝 H_0 而接受 H_1，即可认为大学女生外语学习能力比男生强。

（同学们可以再进行双侧检验，看看会得出什么结论。）

10. （1）右单侧检验问题。H_0：$S^2=55$；H_1：$S^2>55$。

临界值规则：$s^2=60.01$，$\chi^2=9.83$，$\chi^2_{(0.05,9)}=16.92$，$\chi^2<\chi^2_{(0.05,9)}$，接受 H_0，即不能认为该校一年级男生体重的方差大于 55。

（2）双侧检验问题。H_0：$S_1^2=S_2^2$；H_1：$S_1^2>S_2^2$。

临界值规则：$F=1.18$，$F_{\left(\frac{0.05}{2},11,9\right)}=3.92$，$F_{\left(1-\frac{0.05}{2},11,9\right)}=\dfrac{1}{F_{\left(\frac{0.05}{2},11,9\right)}}=\dfrac{1}{3.59}=0.28$，

$F_{\left(1-\frac{0.05}{2},11,9\right)}<F<F_{\left(\frac{0.05}{2},11,9\right)}$，接受 H_0，即两个年级的男生体重方差无显著差异。

11. $SE(\bar{x})=6.25$；双侧检验时，$C_1=287.75$，$C_2=312.25$，$\beta=0.64$，检验功效 $1-\beta=0.36$；单侧检验时，$C=289.75$，$\beta=0.516$，检验功效 $1-\beta=0.484$。

12. $Z_{0.05}=1.64$，$Z_{0.12}=1.175$，$300+1.64\times\dfrac{50}{\sqrt{n}}=315-1.175\times\dfrac{50}{\sqrt{n}}$，$n=89$。

七、综合分析题

略。

第六章

方差分析

一、填空题

1. 因变量；响应变量；因素；因子；自变量；水平；组

2. 单因素方差分析；双因素方差分析；多因素方差分析；一元方差分析；多元方差分析

3. 总离差平方和；组间离差平方和；组内离差平方和（误差平方和）

4. F 统计量

5. 因素方差分析；无交互作用的多因素方差分析；有交互作用的多因素方差分析

6. 卡方

二、判断题

1. 错；2. 错；3. 错；4. 对；5. 对；6. 对

三、单项选择题

1. B；2. C；3. B；4. D；5. A

四、多项选择题

1. ABCDE；2. ABCDE

五、简答题

略。

六、计算题

1. 方差分析表如下：

	偏差平方和	自由度	均方和	F 统计量	显著性水平
组间	7 539 898.389	2	3 769 949.194	11.601	0.000
组内	10 724 125.833	33	324 973.510		
总变差	18 264 024.222	35			

在显著性水平取 $\alpha=0.05$ 时，不同年龄段的商业保险费用支出差异是显著的。

2.（1）方差分析表如下：

	偏差平方和	自由度	均方和	F 统计量	显著性水平
组间	1 058.467	3	352.822	2.079	0.113
组内	9 503.867	56	169.712		
总变差	10 562.333	59			

在显著性水平取 $\alpha=0.05$ 时，这四种辅助教学方法之下的教学效果无显著差异。

（2）为保证统计分析结论的可靠性，本例数据采集时需注意保证抽样的随机性。

即进行试验的四个班级是从同等水平的诸多班级中随机抽取的，再从每个班级随机抽取 15 名学生。

3. 方差分析表如下：

影响因素	偏差平方和	自由度	均方和	F 统计量	显著性水平
项目类型	648.675	1	648.675	8.000	0.006
学校类型	4 786.850	2	2 393.425	29.517	0.000
项目类型*学校类型	623.450	2	311.725	3.844	0.024
误差	9 243.950	114	81.087		
总和	15 302.925	119			

在显著性水平取 $\alpha=0.05$ 时，不同的学校类型的科研项目绩效存在显著差异，不同项目类型的绩效存在显著差异，学校类型和项目类型有交互影响。

4. 方差分析表如下：

影响因素	偏差平方和	自由度	均方和	F 统计量	显著性水平
员工	38.007	2	19.003	12.367	0.019
单位类型	21.607	2	10.803	7.030	0.049
误差	6.147	4	1.537		
总和	65.760	8			

在显著性水平取 $\alpha=0.05$ 时，三位员工记账的差错率存在显著差异，不同类型单位的会计记账工作的差错率存在显著差异。

第七章

相关回归分析

一、填空题

1. 函数关系；相关关系；函数关系；相关关系

2. 单相关（一元相关）；复相关（多元相关）；线性相关；非线性相关；正相关；负相关；完全相关；不完全相关；完全不相关

3. 相关系数；皮尔逊直线相关系数；斯皮尔曼等级相关系数；肯特尔等级相关系数

4. 在-1 和+1 之间（$-1 \leqslant r \leqslant 1$）；正相关；负相关；完全不相关

5. 自变量；因变量；因变量；回归方程；最小平方法

6. 回归系数；正；负；自变量；因变量

7. 回归变差；剩余变差；回归变差；相关系数

8. 回归估计标准误；估计值

9. $S_{yx} = \sigma_y \sqrt{1 - r^2}$ ；$b = r \cdot \dfrac{\sigma_y}{\sigma_x}$

二、判断题

1. 错；2. 错；3. 错；4. 错；5. 错；6. 对；7. 错；8. 对；9. 错；10. 错；11. 对；12. 对

三、单项选择题

1. C；2. C；3. A；4. A；5. D；6. A；7. B；8. B；9. C；10. D；11. C；12. C；

13. D；14. B；15. C

四、多项选择题

1. ABDE；2. BCD；3. BDE；4. BCD；5. ABDE；6. ABE；7. ABE；8. BCE；
9. ABCD；10. BD

五、简答题

略。

六、计算题

1.（1）散点图如下：

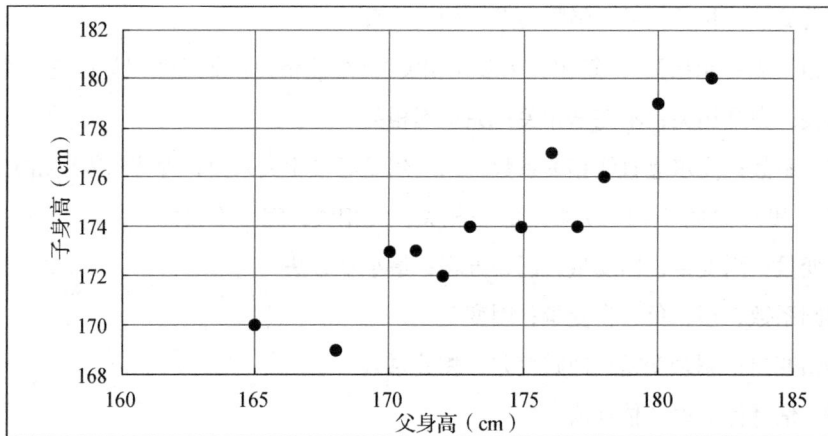

（2）相关系数：$r = 0.927$。

（3）回归方程：$y_c = 67.953 + 0.611x$

（4）当父身高为185cm时，子身高为180.99cm。

2.（1）计算相关系数：
$$r = \frac{n\sum xy - \sum x \sum y}{\sqrt{n\sum x^2 - (\sum x)^2}\sqrt{n\sum y^2 - (\sum y)^2}} = 0.993$$

（2）$b = \dfrac{n\sum xy - \sum x \sum y}{n\sum x^2 - (\sum x)^2} = 0.074$

$a = \bar{y} - b\bar{x} = -7.273$

回归方程为：

$$y_c = -7.273 + 0.074x$$

斜率的经济意义为：销售额每增加 1 万元，销售利润将平均增加 0.074 万元。

（3）当企业产品销售额为 500 万元时，销售利润为：

$$y_c = -7.273 + 0.074 \times 500 = 29.727 \quad (万元)$$

3.（1）计算相关系数：

$$r = \frac{n\sum xy - \sum x \sum y}{\sqrt{n\sum x^2 - (\sum x)^2}\sqrt{n\sum y^2 - (\sum y)^2}} = 0.95$$

相关系数为 0.95，说明两变量之间存在高度正线性相关。

（2）$b = \dfrac{n\sum xy - \sum x \sum y}{n\sum x^2 - (\sum x)^2} = 0.895\,8$

$a = \bar{y} - b\bar{x} = 395.59$

回归方程为：

$$y_c = 395.59 + 0.895\,8x$$

方程中斜率的经济意义为：生产性固定资产价值每增加 1 万元，工业增加值将平均增加 0.895 8 万元。

（3）估计标准误：

$$S_{yx} = \frac{\sqrt{\sum y^2 - a\sum y - b\sum xy}}{n-2} = 126.65 \quad (万元)$$

（4）当生产性固定资产为 1 100 万元时，工业增加值为：

$$y_c = 395.59 + 0.895\,8 \times 1100 = 1\,380.97 \quad (万元)$$

$f(t) = 95\%$ 时，$t = 1.96$，所以 y 的置信区间为：$1132.74 \leqslant y \leqslant 1\,629.20$。

即在 95% 的概率保证下，工业增加值的可能置信区间为 1 132.74 万元～1 629.20 万元。

4.（1）$b = \dfrac{n\sum xy - \sum x \sum y}{n\sum x^2 - (\sum x)^2} = \dfrac{9 \times 11\,918 - 39 \times 2\,560}{9 \times 182 - 39^2} = 63.44$

$a = \dfrac{\sum y}{n} - b\dfrac{\sum x}{n} = 284.444 - 63.44 \times 4.333 = 9.56$

回归方程为：

$$y_c = 9.56 + 63.44x$$

方程中斜率的经济意义为：人均年收入每增加 1 000 元，商品销售额将平均增加 63.44 百万元。

（2）若 2016 年人均年收入为 6 000 元，则该地区的商品销售额为：

$$y_c = 9.56 + 63.44 \times 6 = 390.2 \quad (百万元)$$

5. $b = r \cdot \dfrac{S_y}{S_x} = 0.9 \times 3 = 2.7$ ；$a = \bar{y} - b \cdot \bar{x} = 50 - 2.7 \times 25 = -17.5$。

直线回归方程为：

$$y_c = -17.5 + 2.7x$$

6. $r = \dfrac{\overline{xy} - \bar{x} \cdot \bar{y}}{\sqrt{\overline{x^2} - \bar{x}^2}\sqrt{\overline{y^2} - \bar{y}^2}} = 0.697\,7$，$b = 0.757$。

直线回归方程为：

$$y_c = 1.76 + 0.757x$$

7. （1）$r = 0.225$。

（2）$y_c = 4.26 + 0.3x$。

（3）7.26 万元。

（4）平均年支出增加额为 0.3 万元。

8. $\bar{x} = 1.107$，$S_{xy}^2 = 29.4$。

9. 根据条件求得 $b=3$，继而求得 $S_{yx} = 2.598$。

10. 利用等级相关系数评价：$r_s = 0.967$。辨色员的排序与卡片真实排序具有高度相关性，说明该辨色员的辨色水平较高。

11. 两者等级相关系数为：$r_s = 0.715$，两位考官评分之间有接近显著的相关性，评价具有一致性（考量数据一致性的方法还可借助方差分析等手段，在此仅从相关系数角度考虑）。

第八章

时间数列分析

一、填空题

1. 按时间先后顺序加以排列；现象所属的时间；现象在相应时间所达到的水平（指标数值）

2. 总量指标时间数列；相对指标时间数列；平均指标时间数列；总量指标时间数列；时期数列；时点数列

3. 长期趋势；季节变动；循环变动；不规则变动；加法模式；乘法模式

4. 可比性原则；时间的一致性；总体范围的一致性；经济内容的一致性；计算方法的一致性

5. 发展水平；平均发展水平；增长量（水平）；平均增长量（水平）

6. 发展水平；最初水平；最末水平；中间水平

7. 增长量；逐期增长量；累计增长量；年距增长量

8. 水平法；累计法

9. 发展速度；环比发展速度；定基发展速度；年距发展速度

10. 增长速度；环比增长速度；定基增长速度；年距增长速度

11. 边际倾向；弹性系数

12. 增长 1% 的水平值

13. 水平法；累计法

14. 时距扩大法；移动平均法；函数拟合法（数学模型法）

15. 按月平均法；趋势剔除法

二、判断题

1. 错；2. 对；3. 错；4. 错；5. 错；6. 错；7. 对；8. 错；9. 错；10. 错；11. 错；
12. 错；13. 错；14. 错；15. 错；16. 错；17. 对；18. 错

三、单项选择题

1. C；2. B；3. C；4. A；5. A；6. C；7. A；8. D；9. B；10. B；11. B；12. B；
13. B；14. C；15. B；16. C；17. C；18. C；19. D；20. C

四、多项选择题

1. BCDE；2. ADE；3. ABD；4. ACD；5. ABCD；6. ABCD；7. ACE；8. ACE；
9. ABCDE；10. BCE

五、简答题

略。

六、计算题

1. 平均发展水平：$\bar{a}=757.6$（万元）；年平均增长量：32（万元）；平均增长速度：

4.44%。

2. $\bar{a}=\dfrac{\dfrac{a_0+a_1}{2}f_1+\dfrac{a_1+a_2}{2}f_2+\cdots+\dfrac{a_{n-1}+a_n}{2}f_n}{f_1+f_2+\cdots+f_n}=2\,845.83$（万元），表示该年平均每月居

民储蓄余额为 2 845.83 万元。

3. 2011～2015 年平均职工人数：$\bar{a}=\dfrac{\dfrac{1\,000}{2}+1\,020+1\,086+1\,120+1\,218+\dfrac{1\,425}{2}}{5}=$

1 131.3（人）。

2011～2015 年平均工程技术人员数：$\bar{b}=\dfrac{\dfrac{150}{2}+150+152+156+178+\dfrac{182}{2}}{5}=160.4$（人）。

2011～2015 年平均的工程技术人员所占比重：160.4/1 131.3=14.18%。

4. （1）第一季度平均每月商品销售额：$\bar{a}=310$（万元）。

（2）第一季度平均售货员人数：$\bar{b}=42$（人）。

（3）第一季度平均每售货员的销售额：22.14（万元/人）。

（4）第一季度平均每月每个售货员的销售额：$\bar{c} = \dfrac{\bar{a}}{\bar{b}} = \dfrac{310}{42} = 7.38$（万元）。

5.（1）一季度商品流转次数：6.44 次。

　　二季度商品流转次数：6.22 次。

　　上半年商品流转次数：12.63 次。

（2）一季度平均每月商品流转次数：2.15 次。

　　二季度平均每月商品流转次数：2.07 次。

　　上半年平均每月商品流转次数：2.10 次。

（3）一季度商品流通费用率：8.87%。

　　二季度商品流通费用率：11.11%。

　　上半年商品流通费用率：10.07%。

（4）一季度平均每月商品流通费用率：8.87%。

　　二季度平均每月商品流通费用率：11.11%。

　　上半年平均每月商品流通费用率：10.07%。

（5）略。

（6）该企业上半年"商品流转次数"和"商品流通费用率"的时间数列为：

时间	1 月	2 月	3 月	4 月	5 月	6 月
商品流转次数	2.18	2.21	2.04	2.04	2	2.17
商品流通费用率（%）	8.33	9.68	8.59	10.71	10.56	12

它们属于相对数时间数列。

6. 结果如下：

时间		1 月份	2 月份	3 月份	4 月份	5 月份	6 月份
工业总产值（亿元）		2 662	2 547	3 134	3 197	3 190	3 633
增长量（亿元）	逐期	/	−115	587	63	−7	443
	累计	/	−115	472	535	528	971
发展速度（%）	环比	/	95.68	123.05	102.01	99.78	113.89
	定基	/	95.68	117.73	120.10	119.83	136.48
增长速度（%）	环比	/	−4.32	23.05	2.01	−0.22	13.89
	定基	/	−4.32	17.73	20.10	19.83	36.48
增长 1% 的绝对值		/	26.62	25.47	31.34	31.97	31.9

7. 结果如下：

年份	发展水平	增长量		平均增长量	发展速度（%）		增长速度（%）	
		累计	逐期		定基	环比	定基	环比
2010	285	—	—	—	—	—	—	—
2011	327.5	42.5	42.5	42.5	114.9	114.9	14.9	14.9
2012	391.2	106.2	63.7	53.1	137.3	119.5	37.3	19.5
2013	413.8	128.8	22.6	42.9	145.2	105.8	45.2	5.8
2014	562.8	277.8	149	69.45	197.5	136	97.5	36
2015	580.8	295.8	18	59.2	203.8	103.2	103.8	3.2

8. 年平均增长速度：$\sqrt[66]{1.25^{29} \times 1.3^{37}} - 1 = 27.78\%$ 。

9. 2000 年人口：$120 \times (1+1.2\%)^{20} = 152.33$（万人）。

　　2015 年人口：$152.33 \times (1+10\%)^{15} = 176.85$（万人）。

　　年均增长速度：$\sqrt[5]{190/176.85} - 1 = 1.44\%$ 。

10. b、a 的结果为：

$$b = \frac{n\sum ty - \sum t \sum y}{n\sum t^2 - (\sum t)^2} = \frac{8 \times 253.8 - 36 \times 52.1}{8 \times 204 - 36^2} = 0.46$$

$$a = \bar{y} - b\bar{t} = 6.5125 - 0.46 \times 4.5 = 4.44$$

　　得趋势方程为：

$$\bar{y} = 4.44 + 0.46t$$

　　预计到 2020 年该地区的化肥产量为：

$$\bar{y} = 4.44 + 0.46 \times 13 = 10.42 \text{（万吨）}$$

11.（1）普通法：

编号	年份	产值 y	t	yt	t^2
1	2007	8	1	8	1
2	2008	10	2	20	4
3	2009	10	3	30	9
4	2010	12	4	48	16
5	2011	15	5	75	25
6	2012	18	6	108	36
7	2013	20	7	140	49
8	2014	23	8	184	64
9	2015	26	9	234	81
合计	—	142	45	847	285

通过上表算得：$b = 2.283\,3$，$a = 4.3611$。直线方程为：

$$y_c = 4.3611 + 2.283\,3t$$

2016 年产量为 27.19 亿元。

简捷法：

编号	年份	产值 y	t	yt	t^2
1	2007	8	−4	−32	16
2	2008	10	−3	−30	9
3	2009	10	−2	−20	4
4	2010	12	−1	−12	1
5	2011	15	0	0	0
6	2012	18	1	18	1
7	2013	20	2	40	4
8	2014	23	3	69	9
9	2015	26	4	104	16
合计	—	142	0	137	60

通过上表算得：$b = 2.283\,3$，$a = 15.777\,8$。直线方程为：

$$y_c = 15.778 + 2.283t$$

2016 年产量为 27.19 亿元。

（2）由于取的 t 值不同，用两种方法得出的拟合方程是不同的，但它们的趋势值
　　是完全一致的，所以预测的结果也相同（由于保留小数，会有些许差异）。

12.（1）按月平均法：

年份	一季度	二季度	三季度	四季度	总平均
2012	79	48	68	107	
2013	97	66	85	134	
2014	113	91	100	148	
2015	130	105	125	174	
同季平均	106.25	77.5	94.5	140.75	104.75
季节指数（%）	101.43	73.99	90.21	134.37	100

移动趋势剔除法：

先用移动平均法求时间序列的趋势值，计算实际值与相应趋势值的比率得修匀比率。

年份	季节	销售量 y（万件）	趋势值（t）	修匀比率(y/t)%
2012	一季度	79	—	—
	二季度	48	—	—
	三季度	68	77.75	0.874 6
	四季度	107	82.25	1.300 9
2013	一季度	97	86.625	1.119 8
	二季度	66	92.125	0.716 4
	三季度	85	97.50	0.871 8
	四季度	134	102.625	1.305 7
2014	一季度	113	107.625	1.049 9
	二季度	91	111.25	0.818
	三季度	100	115.875	0.863
	四季度	148	120.5	1.228 2
2015	一季度	136	125.375	1.084 7
	二季度	105	131.75	0.797
	三季度	125	—	—
	四季度	174	—	—

整理修匀比率，计算"同季平均"及"总平均"。同季平均除以总平均即为修正后的季节比率。

年份	一季度	二季度	三季度	四季度	总平均
2012	—	—	0.874 6	1.300 9	
2013	1.119 8	0.716 4	0.871 8	1.305 7	
2014	1.049 9	0.818	0.863	1.228 2	
2015	1.084 7	0.797	—	—	
同季平均	1.084 8	0.777 1	0.869 8	1.278 3	1.002 5
季节指数（%）	108.21	77.52	86.76	127.51	100

当时间数列中不存在长期趋势时，可用按月平均法；当时间数列中存在明显的长期趋势时，应采用趋势剔除法；本题适用趋势剔除法。

（2）按月（季）平均法：一季度：152.145；二季度：110.985；三季度：135.315；四季度：201.555。趋势剔除法：一季度：162.315；二季度：116.28；三季度：130.14；四季度：191.265。

（3）按月（季）平均法：一季度：145；二季度：105.77；三季度：128.96；四季度：192.09。趋势剔除法：一季度：145；二季度：103.88；三季度：116.26；四季度：170.86。

13. 平均发展速度：107.18%；后 8 年平均发展速度：106.48%；$10 = 4 \times 2^x$，x 约为 1.32，即翻 1.32 番。

第九章
统计指数分析

一、填空题

1. 对物价变动；相对数；复杂现象总体某一方面数量的综合变化方向和程度
2. 个体指数；总指数；数量指标指数；质量指标指数；动态指数；静态指数
3. 综合指数；平均指数；综合指数；指数化因素；同度量因素；平均指数；加权算术平均指数；加权调和平均指数
4. 先综合，后对比；先对比，后综合
5. 拉氏指数；派氏指数；马-艾指数；杨格指数；费希尔理想指数
6. 派氏指数形式；拉氏指数形式
7. 固定构成指数；结构变动影响指数
8. 加权

二、判断题

1. 对；2. 错；3. 对；4. 对；5. 错；6. 错；7. 错；8. 错；9. 错；10. 错；11. 对；12. 错；13. 对；14. 对；15. 对；16. 对；17. 对；18. 对；19. 对；20. 对

三、单项选择题

1. C；2. A；3. B；4. C；5. D；6. C；7. C；8. C；9. C；10. C；11. A；12.B；13. D；14. B；15. C；16. D；17. D；18. B；19. A；20. B

四、多项选择题

1. ABCD；2. ABCDE；3. ACDE；4. BCDE；5. ABCD；6. ABCE；7. ACE；8. ABCDE

五、简答题

略。

六、计算题

1. （1）三种商品的个体价格指数 k_p 分别是 90.91%、120% 和 130%；三种商品的个体销售量指数 k_q 分别为 107.69%、112.5% 和 85.71。

（2）$\sum p_1 q_1 = 150\,000$，$\sum p_0 q_0 = 140\,800$，$\sum p_0 q_1 = 144\,900$；商品销售价格总指数 $I_p = 103.52\%$，说明三种商品的价格综合上升了 3.52%。

（3）商品销售量总指数 $I_q = 102.91\%$，说明三种商品的销售量综合上升了 2.91%。

（4）说明"先综合、后对比"的特点。

（5）分别说明价格、消费量在起到同度量作用的同时，如何还起到权数的作用。

（6）销售额总指数 $I_{pq} = 106.53\%$，即报告期的销售额比基期上升了 6.53%，绝对额增加了 9 200 元；原因：商品销售价格综合上升了 3.52%，使销售额增加了 5 100 元；商品销售量综合上升了 2.91%，使销售额增加了 4 100 元。

2. （1）单位成本变化：

$$I_p = \frac{\sum p_1 q_1}{\sum p_0 q_1} = \frac{1\,710 + 2\,400}{1\,710 / 0.95 + 2\,400 / 0.96} = 95.58\%$$

该企业单位成本为基期的 95.58%，下降 4.42%。

分子与分母之差为 -190 万元，即由于企业单位成本下降而导致生产总费用下降 190 万元。

（2）两种产品的生产总费用指数：

$$I_{pq} = \frac{\sum p_1 q_1}{\sum p_1 q_1} = \frac{1\,710 + 2\,400}{1\,600 + 2\,400} = 102.75\%$$

报告期与基期的生产总费用之差为 110 万元。

$$I_q = \frac{\sum p_0 q_1}{\sum p_0 q_0} = \frac{1\,710 / 0.95 + 2\,400 / 0.96}{1\,600 + 2\,400} = 107.5\%$$

分子与分母之差为 300 万元。

110 万元=-190 万元+300 万元。

综上所述，该企业两种产品生产总费用之所以上升了 2.75%，增加了 110 万元，是由于产品成本下降了 4.42%，使总费用下降了 190 万元，以及产品产量上升了 7.5%，使总费用增加了 300 万元。

3.（1）2005 年单位成本计划完成总指数 I_c =90.37%，产量计划完成总指数 I_q =102.91%。

（2）总成本指数 I_{cq} = 96.04% ，即实际总成本比计划下降了 3.96%，节省总成本 24 万元。原因：单位成本综合下降了 9.63%，使总成本减少了 62 万元；产量综合上升了 6.27%，使总成本增加了 38 万元。

（3）2005 年比 2004 年的单位成本总指数 I_c =79.08%，产量总指数 I_q =132.37%。

（4）2005 年比 2004 年的总成本指数 I_{cq} =104.68%，即 2005 年的总成本比 2004 年上升了 4.68%，增加总成本 26 万元。原因：单位成本综合下降了 20.92%，使总成本减少了 154 万元；产量综合上升了 32.37%，使总成本增加了 180 万元。

4.（1）$\sum p_0 q_1 = \sum k_q p_0 q_0 = 2\,332$（万元），$I_p$ =105.06%。

（2）I_q =106%。

（3）I_{pq} =111.36%，销售总额增加了 250 万元。原因：商品销售量综合上升了 6%，使销售额增加了 132 万元；商品销售价格综合上升了 5.06%，使销售额增加了 118 万元。

5.（1）$\sum p_0 q_1 = \sum \dfrac{1}{k_p} p_1 q_1 = 1\,200.91$（万元），$I_p$ =101.59%。

（2）I_q =104.43%。

（3）产品价格变化使企业销售额上升了 1.59%，使销售额增加了 19.09 万元。

6. $\sum x_1 f_1 = 22\,730$ ，$\sum x_0 f_0 = 18\,600$ ，$\sum x_0 f_1 = 20\,900$ 。

（1）$I_{\bar{x}}$ =111.1%。

（2）I_x =108.76%，I_f =102.15%。

（3）该企业平均劳动生产力上升了 11.1%，即每人年产值增加了 4.13 万元。原因：三个车间劳动生产力综合上升了 8.76%，使每人年产值增加了 3.33 万元；三个车间职工结构变动使平均劳动生产力上升了 2.15%，使每人年产值增加了 0.8 万元。

（4）该企业总产值指数 I_{xf} =122.20%。

（5）该企业总产值上升了 22.2%，即增加了 4\,130 万元。原因：I_x =108.76%，I_f =112.37%，即三个车间劳动生产力综合上升了 8.76%，使总产值增加了 1\,830 万元；三个车间职工人数综合上升了 12.37%，使总产值增加了 2\,300

万元。

7. （1）和（2）的有关结果列于下表：

部门	销售额（万元）		平均库存额（万元）		流转次数（次）	
	1 季度	2 季度	1 季度	2 季度	1 季度	2 季度
A	7 080	6 800	1 068.33	1 013.33	6.63	6.71
B	2 500	2 200	350	328.33	7.14	6.70
合计	9 580	9 000	1 418.33	1 341.67	6.754	6.708

（3）该商场 2 季度比 1 季度的总流转次数指数为：I_l =99.32%。

（4）该商场流转次数下降了 0.68%，即减少了 0.046 次。原因：I_x =99.30%，I_f =100.01%，即两个部门流转次数综合下降了 0.7%，使总流转次数减少了 0.047 次；两个部门平均库存额结构变化使总流转次数上升了 0.01%，增加了 0.001 次。

8. $\sum q_1 m_1 p_1 = 30\,780$，$\sum q_1 m_0 p_0 = 30\,960$，$\sum q_1 m_1 p_0 = 27\,360$，$\sum q_0 m_0 p_0 = 28\,360$。

（1）I_q =109.17%，I_m =88.37%，I_q =112.5%。

（2）I_{qmp} =108.53%，消耗总额增加了 2 420 万元。

（3）由于产量综合增加 9.17%，消耗总额增加了 2 600 万元；由于单耗量下降 11.63%，消耗总额减少了 3 600 万元；由于单位原材料价格综合上升 12.5%，消耗总额增加了 3 420 万元。

9. 略，读者可以从多个不同的角度进行分析。

10. 该地区的工业发展速度是 110.78%。

11. 产量总指数：

$$I_q = \frac{\sum p_0 q_1}{\sum p_0 q_0} = \frac{\dfrac{100}{1.05} + 200 + \dfrac{260}{0.97}}{\dfrac{560}{1.08}} = 108.63\%$$

分子与分母之差为 44.76 万元。

价格总指数：

$$I_p = \frac{\sum p_1 q_1}{\sum p_0 q_1} = \frac{100 + 200 + 260}{\dfrac{100}{1.05} + 200 + \dfrac{260}{0.97}} = 99.42\%$$

分子与分母之差为-3.28 万元。

总产值变化：560-560/1.08=44.76-3.28=41.48（万元）。

综上所述，该企业三种产品生产总费用之所以上升了 8%，增加了 41.48 万元，是由于产品价格下降了 0.58%，使总费用下降了 3.28 万元，以及由于产品产量上升了 8.63%，使总费用增加了 44.76 万元。

12. $I_q = \dfrac{\sum p_0 q_1}{\sum p_0 q_0} = \dfrac{\sum p_0 q_1}{4\ 800} = 102\%$

$\sum p_0 q_1 = 4\ 896$

$I_p = \dfrac{\sum p_1 q_1}{\sum p_0 q_1} = \dfrac{5\ 000}{4\ 896} = 102.12\%$

销售价格总指数为 102.12%。销售量变化引起的销售额为 96（=4 896–4 800）万元，销售价格变化引起的销售额为 104（=5 000–4 896）万元。

第十章
统计综合评价

一、填空题

1. 评价客体；评价标准；评价模型
2. 纵向评价（动态评价）；横向评价（静态评价）；实绩评价；预期评价；绝对评价；相对评价；单纯性排序评价；价值排序评价；价值分类评价
3. 数值；排序或分类
4. 组合指标法；当量函数平均法；系统评价法
5. 目的性原则；科学性原则；简易性原则
6. 当量化；加权；合成
7. 幂平均合成模型；特殊合成模型
8. 层次分析法（AHP）；环比构权法；分层构权法；德尔菲构权法

二、判断题

1. 对；2. 对；3. 错；4. 对；5. 对；6. 对；7. 错；8. 错；9. 对；10. 错

三、单项选择题

1. C；2. D；3. B；4. B；5. D；6. C；7. B；8. C

四、多项选择题

1. ADE；2. ABCD；3. ABE；4. ABC；5. BCD；6. AC

五、简答题

略。

六、计算题

1. （1）单项指标的指数值如下表所示。

（2）各省市城镇居民生活质量的综合指数值及相应排序结论如下表最后两列所示。

（%）

城市	人均可支配收入指数	人均居住面积指数	人口文盲率指数	人均公共绿地面积指数	教育文娱支出比重指数	户均电视机拥有台数指数	综合指数（加权算术平均）	排序名次
北京	89.865	60.017	100	81.818	100	96.753	88.254	1
天津	69.536	54.481	76.198	49.587	80.152	87.013	69.696	5
河北	46.453	63.613	57.392	57.025	69.414	75.325	60.630	8
上海	100	68.493	79.388	48.760	90.928	100	83.712	3
江西	42.737	65.097	70.630	52.066	78.273	70.130	61.496	7
四川	49.369	80.622	49.949	42.149	81.395	79.870	64.012	6
浙江	81.210	100	57.661	77.686	83.624	97.403	84.057	2
广东	81.121	58.105	95.358	100	74.140	90.909	81.996	4

2. （1）每一个企业单项指标的功效系数 d_i、功效分数 F_{di} 如下表所示。

（2）不同平均法之下 d 及 FD 如下表所示。从表中可以看出，在算术平均与平方平均合成方法之下，综合评价结论是：A 企业效益优于 B 企业。但在几何平均合成方法之下，结论完全相反：B 企业优于 A 企业。原因在于：A 企业三项指标的水平差异大，而 B 企业三项指标比较均衡。

	功效系数 d_i		功效分数 F_{di}	
	A 企业	B 企业	A 企业	B 企业
人均增加值（万元/人）	0.25	0.75	70	90
增加值率（%）	1.0	1.2	100	108
资金利润率（%）	1.5	1.0	120	100
加权算术平均	1.0	0.975	100	99
加权几何平均	0.791 81	0.960 09	97.535	98.771
加权平方平均	1.131 90	0.989 32	102.225	99.227

3. （1）行和法权数见下表 5～6 列。

（2）方根法权数见下表 7～8 列。

判断矩阵				行和法		方根法	
				行和	归一化	行几何均值	归一化
1	2	5	8	16	53.50%	2.990 698	54.73%
1/2	1	2	4	7.5	25.08%	1.41 421	25.88%
1/5	1/2	1	3	4.7	15.71%	0.740 028	13.54%
1/8	1/4	1/3	1	1.708 3	5.71%	0.319 472	5.85%

（3）$AW = (2.278\ 9 \quad 1.0\ 609 \quad 0.5\ 608 \quad 0.239\ 042)^T$

$\lambda_{max} = 4.061\ 425 \quad CI = 0.020\ 475$

$CR = 0.02\ 275 < 0.1$，故认为判断一致性水平可以接受。

4. （1）完整的判断矩阵是：

	指标 A	指标 B	指标 C
指标 A	1	1/2	1/3
指标 B	2	1	2/3
指标 C	3	1.5	1

（2）各方法相对权重如下：

三种方法的相对权重完全相等，均为（16.67%　33.33%　50%）。判断矩阵完全一致。

第十一章

非参数统计方法

一、填空题

1. 非参数统计；分布形式

2. 单样本非参数统计方法；两个相关样本非参数统计方法；两个独立样本非参数统
   计方法；多个相关样本非参数统计方法；多个独立样本非参数统计方法

3. χ^2 适应性检验

4. 拟合优度检验；χ^2 检验

5. 观察值出现次序的随机性

6. 曼—惠特尼 U 检验；秩和检验法

二、判断题

1. 错；2. 错；3. 对；4. 错；5. 对；6. 对；7. 对；8. 对

三、单项选择题

1. C；2. D；3. D；4. B；5. B

四、多项选择题

1. ABD；2. ABCDE；3. ABD；4. ABCDE；5. ABC

五、简答题

略。

六、计算题

1. 结果如下：

$$k=3, n=15, \sum l=25, \sum l^2=51, \sum G^2=209, \sum G=25$$

$$\bar{G}=25/3, \sum\left(G-\bar{G}\right)^2=2/3$$

$$Q=\frac{3\times2\times2/3}{3\times25-51}=\frac{4}{24}=0.166\,67$$

$$Q<\chi^2_{0.05}(3-1)=5.991$$

即无充分理由认为消费者对不同包装方式的偏好存在差异。

2. $\chi^2=2.479\,283<\chi^2_{0.05}(2)=3.841$。在 0.05 显著性水平之下，没有充分的理由认为性别与对互联网的好恶态度有关系。

3. 可采用符号检验或者威尔克逊对符秩检验。

$$T_+=97, T_-=74, T=\min\{T_+, T_-\}=74$$

$$T\left(\frac{0.05}{2}, 20\right)=52<74$$

即没有充分理由认为新的科研奖励办法更加有效。

（注：本例若采用参数统计中的配对 T 检验，结论也是一样的。）